掟破り

Okite-Yaburi

逆境を力に変え
挑み続けるための
111の言葉

原田泳幸
Eikou Harada

かんき出版

CEO

はじめに

「掟破り」

これは、2013年、元気を失っていたマクドナルドの社員に向けて、私が発信した言葉です。そして、私が大切にしている言葉でもあります。

掟を破るといっても「ルール違反をしなさい」とか「社会に背を向けて生きなさい」と言っているわけではありません。

私の言う「掟」とは、人が自己都合のためにつくったガイドラインや、いわゆる常識のようなもの。「常識もいままでの経験も捨てて、失敗を恐れず自由な発想で挑戦しよう」ということです。

「ここで加減しておけば失敗しない」

「リスクが高いからやめておこう」

「失敗したら責任をとらされるから前と同じやり方で」

こういった思考に陥ると、人は物事に挑戦しなくなってしまうのです。

逆境と挑戦。

この2つが、いまの私をかたちづくっていると言っても過言ではありません。

何かに挑戦することと、失敗して逆境に陥るということとは背中合わせです。

私が社会に出てから40年以上経ちましたが、私のビジネスパーソンとしての人生は、挑戦と失敗の連続でした。

挑戦して失敗し、逆境に陥るたびに私はこう思います。

「また逆境に恵まれた」

「成長の機会に巡り会えた」

と、感謝の気持ちがわいてくるほどです。

お説教のように聞こえるかもしれませんが、私は最近、優等生すぎる若者が多い、と感じることがあります。

とても真面目で好感の持てる人が多い一方、できるかどうかわからないことに対して挑戦せず、大きな夢を抱く人が少なくなっていると思うのです。

「こんな先が見えない時代に、夢なんか見ていられるか」

という読者も多いかもしれません。

それはごもっともだと思います。

しかし、みなさんが思っている以上に、社会は若者の失敗に対して寛容です。なぜなら、いまの社会はたくさんの挑戦によってでき上がったものだからです。社会が挑戦によってでき上がっているということは、その何十倍もの失敗が存在したということ。

私たちの生活を豊かにしてくれるモノやサービス、インフラは数えきれないほどの失敗を経て、いまの姿になったのです。

イノベーションとは、失敗の集大成である、と言ってもいいでしょう。

夢や目標を捨て、安定だけを求めると、思考が縮こまってしまいます。

夢は自分だけのものではありません。あなたが夢を実現することで社会に貢献すれば、まわりの人を幸せにすることができるのです。

そして、あなたが夢を実現させ、「何か」を成し遂げ、世の中との「つながり」を感じたとき、あなた自身が幸せを感じることができるのです。

本書は、仕事や経営のこと、過去の失敗、趣味、人生観まで、あらゆることについて、ビジネスパーソン、経営者、そしてひとりの人として、私がこれまでに学んだこと、気づいたことを短い言葉のなかに凝縮したものです。

すぐに役立つものではないかもしれませんが、あなたの思考を刺激し、活性化するためのきっかけとして読んでいただければと思います。

若いうちはたくさん挑戦し、たくさん失敗していいのです。少しくらいハメを外してもまったく問題ありません。

その経験が自分の財産になり、世の中を幸せにするのですから。

2013年10月

原田　泳幸

『掟破り――逆境を力に変え挑み続けるための111の言葉』目次

ブックデザイン◉竹内雄二
写真◉佐久間ナオヒト
ＤＴＰ◉野中賢
（株式会社システムタンク）

仕事の本質

Shigoto-no-Honshitsu

1

結果が出てはじめて仕事と呼べる

20代のころ、日本NCRという会社でエンジニアをしていたときの話です。

あるとき、開発した製品のプレゼンテーションをアメリカで行う機会がありました。そのプレゼンは、アメリカの工場で開発された製品とどちらを採用するか決めるものでしたので、責任重大。英語をうまく話せなかった私は、身振り手振りで一生懸命プレゼンをしました。

その結果、我々の製品が採用されることになったのです。とてもうれしかったのをいまでも覚えています。

しかし、その翌日非常にショッキングな出来事がありました。相手方のエンジニアが「クビ」になってしまったのです。彼とは議論をするなかで親しくなっていました。でも彼は「僕のプランが採用されなかったのだから仕方がない。君に負けたのさ」とさらりと言いました。

「ビジネスは命がけでするものだ」と痛感した瞬間でした。

最近、日本でも成果主義が声高に叫ばれていますが、日本人にはまだこのようなプロフェッショナリズムが不足しているように思えてなりません。

「結果を出すのがプロ」という感覚で仕事に取り組みたいものです。

2

失敗なくして成功なし。
失敗をしたことがないのは
仕事をしていないことと同義であると思え

私は失敗しない社員と仕事をしたいとは思いません。失敗しないということは挑戦していないことと同じだからです。

もっと厳しい言い方をすれば、「仕事をしていない」ことと同じです。ビジネスで成功するには、新しいことに挑戦し続けなければなりません。そして、新しいことに挑戦するということはリスクと背中合わせなのです。

失敗を恐れる人には、「恥をかきたくない」という心理が少なからずあると思います。気持ちはわかりますが、それではいけません。

私自身も、アップル、マクドナルドの経営をするうえで、たくさん失敗していますし、まわりから嫌な顔をされるようなこともたくさん行ってきました。

しかし、それを恐れていては改革などできませんでした。

失敗してもいいのです。それくらいの勇気を持たなければ何もできなくなってしまいます。

40代を超えるとある程度の器用さが求められますが、若いうちは失敗のリスクを排除せず、がむしゃらに進むことのほうが大切なのです。

3

ビジネスに謙虚は通用しない

日本には「謙譲」や「遠慮」といった精神を重んじる文化があります。そういった文化は日本人として生きていくためにはとても大切なことですが、グローバル化が進むビジネスの世界においては、このような意識では通用しません。

ビジネスは、常に先へ先へと前進していかなくてはなりません。最初は少し頑張るだけで成果が出ます。しかし、成功すればするほど、さらに頑張らなければ成果が出なくなってしまうのです。

たとえば、サッカーの選手や監督は、5対0で勝っていたとしても、もう1点とりにいきます。ここで、「5点とったから今日はいいや」となってしまうと、その先の成長は望めないからです。

ビジネスとは勝てばいいということではなく、究めなくてはならないものなのです。

もちろん、人と人との和を保つための謙虚さや尊敬の念などは、ビジネスシーンであっても忘れてはいけません。しかし、アスリートや芸術家が結果を出してもそこで慢心せず、さらなる高みを目指し続けるように、私たちも、昨日までの自分にだけは謙虚になってはいけないのです。

4

人間関係や仕事の質は、会社に関係なく、自分で変えていかなければならない

社会に出ると、自分の好きなことだけをやって生きていくことはできなくなります。もちろん、部署や上司も自分で選ぶことはできません。

それが理由で仕事に対するやる気をなくしたり、転職を考えたりする若い人も多いと聞きます。

しかし、どんな仕事でもやってみてはじめて魅力がわかるものです。世の中にはつまらなくて、つらい仕事もたくさんありますが、実際にやってみないと、自分の本当にやりたいことはわかりません。

上司との人間関係も同じ。あとになってから「あの人と一緒に仕事ができてよかった」と思えることもあるのです。

私も若いころ、エンジニアを志して入社したのに、営業の仕事をさせられて「嫌だ、嫌だ」と言いながら仕事をしていた時期がありました。

しかしその経験は、現在の仕事に大いに役立っています。

文句や愚痴ばかり言っていてはダメ。若いうちはどんな仕事に対しても一生懸命取り組むことが大切です。

その姿勢が将来、自分を取り巻く環境をよりよいものに変えるのです。

5

どんな上司であっても、まずは仕え、サポートしなさい

厳しい、優柔不断、熱血漢、過去の失敗をネチネチ責める……。

世の中にはさまざまなタイプの上司がいますが、自分の理想のタイプの上司と巡り会えることはなかなかありません。

しかし、上司とウマが合わないからといってクサってはいけません。どれだけ不満があったとしても、上司の性格を変えることはできないし、当然自分で上司を取り替えることもできません。

どんなに努力しても、他人の性格は変えられないのです。そもそも上司に期待すること自体ムリがあります。

それより、強引にでも「私は上司に恵まれている！」と思うようにしましょう。仕事のできない上司なら、自分に仕事がまわってくるチャンスです。厳しい上司なら、どんどん挑戦して自分を磨くことができます。

このように上司を中心にするのではなく、自分中心の考え方で上司との関係を考えればいいのです。

どんな上司からも学ぶことはたくさんあります。上司をよく観察して、何を得られるか考えながらサポートすれば、自身の成長につながるでしょう。

6

私が意識を変えてほしいと考える社員は、

①指示を待つだけの社員
②予算を使いこなすだけの社員
③失敗しない社員

である

少し厳しい言い方ですが、私が一緒に仕事をしたくないと思う人材は右のとおりです。

この3タイプの人には、ひとつ共通することがあります。

それは「情熱が足りない」ということです。こうやって文字にすると青くさく感じる読者もいると思いますが、これはどの企業にもあてはまる本当に大切なことなのです。

逆に言えば、この3タイプと反対のことをすれば、どの企業にも必要とされる人材になれると言っても過言ではありません。

①でしたら、指示待ちをやめて自分から動く。②の場合は「もっと予算をください！　そうすればこれだけ業績を上げてみせます」と提案する。

③のタイプは一見、優秀に見えますが、失敗しないということは、挑戦をしていないということ。一度失敗しても、次の挑戦でそれを取り戻す、という気概がある人のほうが魅力的です。

何ごとにも情熱を持って挑戦し、常にベストを尽くして結果を積み上げていく。そう考える社員がもっとも優秀な社員と言えるのです。

7

企業の業績が悪くなる要因は常に内部にある。
けっして外部要因ではない。これは個人も同じ

会社の業績が低迷しているとき、その原因を経済状況や社会情勢など、「外部」に求めることは簡単です。

しかし私は、自身や担当者が責任をとる結果になったとしても、業績悪化の原因は常に「内部」にあると考えるようにしています。

低迷していたアップルや日本マクドナルドの業績を回復させることができたのは、責任の所在を外に求めず「それぞれの『らしさ』が消えてしまっている」という問題点を、勇気を持って直視したからです。

これは会社だけでなく、個人についても同じことが言えます。

たとえば、営業職の社員が自社の商品をなかなか受注できない場合、どうしても「景気が悪く、企業が設備投資を渋っている」「商品の競争力がない」など、他社や環境といった自分以外に原因を求めがちです。

しかし、そのような言い訳を繰り返していてもけっして成績が向上することはありません。

仕事とは、常に自身の問題点を直視し、改善し続けることなのです。

8

業績不振の会社で働く社員は「トップが悪い」と
被害者意識を持っていることが多い。
自分自身が当事者であることを
忘れてしまっているのだ

組織で働いている以上、立場にかかわらず社員一人ひとりが業績に対する責任の一端を担っていることは間違いありません。

しかし、業績が悪化していると「あの施策が悪かった」「社長のやり方が悪い」など「上のせい」にしてしまいがちです。社員がそのようなモチベーションで仕事に臨んでいると、ますます業績が悪くなってしまいます。

逆に言えば、あなたがどのような立場であろうと、与えられた仕事に懸命に取り組み結果を出すことで、必ず業績に貢献できるのです。

私が業績悪化に苦しんでいた日本マクドナルドにきて、すぐに取り組んだことがあります。それは、成果に応じて社員に100万円までのインセンティブを出すという制度です。これは、いわゆる「社長賞」的な報奨制度ではなく、お客様のために仕事をし、喜んでいただいた対価として報酬をもらってほしいという気持ちがありました。

この制度を立ち上げた年、6割近くの社員が報奨を受けとり、下降を続けていた既存店の売上高対前年比をプラスにすることができました。

「自分で稼いで自分で報酬をもらう」という発想がとても大切なのです。

9

成果を出さずに報酬を受けとっている人は、自らを戒めるべき

自分で稼いで自分で報酬をもらうことが大切だとお話ししました。

極端な話ですが、私は「寝ていても成果が出れば報酬。頑張っていても成果が出なければ報酬ゼロ」と考えています。プロセスを評価の対象にしてはいけないのです。

「こんなに頑張っているのに認めてもらえない」と悩んでいる人は、自分がしっかり成果を出しているのか、思い返してみましょう。

また、「10年勤めれば課長」「50歳を超えれば年収1千万円」など、年功序列のシステムをあてにして仕事に取り組むこともよくありません。

仕事というのは地位やお金を目的にするものではありません。どんな仕事をして、どのように成果を出すかを目的とすべきです。

よく、業績がよくなると全社員にボーナスを「公平に」支給している会社がありますが、これはアンフェア。成果を出した人により多くの報酬を出さないと「公正」ではないのです。もしあなたがこのような会社で成果を出しているのなら辞めてしまってもいいとさえ思います。逆に、成果を出さずに報酬を受けとっている人は、自らを戒める必要があるのではないでしょうか。

10

不健康な身体で仕事ができるはずがない。
仕事に必要なのは、考え抜く力。
精神的な健康は身体的な健康があってこそ

ビジネスにおいて、ハードに働くことはもちろん大切なことです。

しかし、常にモチベーションを維持しながら前向きに仕事に取り組むためには精神的な健康が何よりも大事です。

精神が不健康だと、同じ時間働いても結果が違ってきますし、いいアイデアも浮かんできません。

では、精神的な健康を維持するにはどうすればいいのでしょうか。

それは、身体的な健康を維持することです。仕事が忙しくなると、どうしても自身の健康管理が後まわしになりがちです。

実は、私も60歳になるまでヘビースモーカーで運動もほとんどしませんでした。しかし、59歳のときゴルフのラウンド中に体力がもたずギブアップしたことがきっかけで一念発起し、ランニングや自転車をはじめました。それが高じて、いまではトライアスロンにも挑戦しています。

定期的に運動をするようになってから、より集中して仕事ができるようになり、物事を前向きに考えられるようになりました。仕事力が健康管理と密接に結びついているということに気づかされたのです。

キャリア

Career

11

自分の将来を細かくイメージしても
大半はうまくいかない。
それよりも目の前の仕事に全力を尽くすことが大事

最近、将来のキャリアを明確にイメージして仕事をすることが、さも重要なことのように語られる傾向にあると感じています。

私はこのことに違和感を覚えます。

なぜなら、あなたのキャリアはあなたが決めるのではなく、まわりの人が決めるものだからです。

「将来こんなことをやってみたい」と希望を持つことは大切です。

しかし、「○歳までに課長になる」「×歳までに取締役」というようなキャリアプランを描くことはまったく意味のないことです。自分で描いたプランどおりになることはけっしてありません。

大切なのは、いま目の前の仕事に全力で取り組むこと。

自分の評価は自分自身ですることではありません。他人がすることです。

期待以上の仕事をしていれば、だれかが見ていて、自然といい方向に向かうものなのです。

12

キャリアとは「目指すもの」ではなく
「結果として形成されるもの」である。
私が30代のころは、キャリアなんて考えていなかった。
上司に「もっと難しい仕事をください」とだけ
言っていた

前項で、キャリアは自分で決めるものではないと書きました。

私自身も30代のころは、社長になろうなどと思ったこともありませんでした。与えられた仕事に対して、とにかく全力投球することのほうがよっぽど大切だと感じていたからです。

そして、ひとつの仕事が終わったら、「もっと難しい仕事をください！」とよく上司に言っていました。「チャンスをください」という言い方はしたことがありません。

「いい給料がほしい」「出世したい」と思うのは当然のことだと思いますが、常に充実した仕事をして、経験を積み上げ、自分の価値を高めていけば結果は自然とついてくるし、可能性もひろがっていくものなのです。もちろん、そのためにはある程度の時間が必要です。

もし、20代や30代の若い人からキャリアに関する相談を受けたら、私は迷わず「焦る必要はない」と伝えます。

13

知らない世界なのに、
自分に合っている、合っていないと決めつける
ということが、自分の可能性を狭めている

日本NCRから横河・ヒューレット・パッカードに移ったとき、私は営業部に配属されました。それまでエンジニアでしたし、技術屋として転職したつもりでしたから、はじめのうちは、営業の仕事が嫌で嫌でしかたありませんでした。「辞めてやる！」と大騒ぎしたこともあります。

しかし、営業の仕事をはじめて数年経つと、会社全体のことがわかるようになり「視野がひろがった」と感じるようになりました。このときはじめて、「会社は私のために、あえて嫌な仕事をさせているのだ」と気づいたのです。

最近、せっかく入社したのに、希望の部署に配属されなかったことが原因で辞めてしまうという人が多いと聞きます。

しかし、やってもいないのに「やりたいことと違う」「自分に合っていない」と決めつけるのは非常にもったいないことだと思います。

仕事にムダなキャリアなどありません。

どんなことでも挑戦してみなければわかりませんし、そのようにしなければ自らの可能性をひろげることはできないのです。

14

出世は目的ではなく
さらに大きな責任を持つということ。
そこを間違えると、努力の方向も、将来の方向も
歪んでしまう

年功序列に重きを置いている会社によく見られますが、出世そのものを目標にしている人が多くいます。

しかし、それは間違っています。

自分がどんな仕事をしたいのかということを見失ってしまうからです。このような意識で仕事を続けていると「上司に嫌われたくない」「失点しないよう無難な仕事をしよう」「仕事をそっちのけでTOEICの勉強をしよう」など、本来すべきことからどんどん遠ざかってしまいます。

さらに、部長になることを目標に仕事をしている人が、部長になってしまったら、そこで燃え尽きてしまうことすらあるのです。こうなったら、なんのための人生か、まったくわからなくなってしまいます。

出世というのは、あなたの日々の努力が結実し、さらに大きな責任をともなう仕事に向かう、ということでしかありません。

出世を目的に仕事をするのではなく、好きなこと、やりたい仕事で一人前になるためにはどうすればいいのか。それを試行錯誤しながら努力していく、これがビジネスパーソン本来の姿なのではないでしょうか。

15

企業の将来性にこだわるより、
会社に入ってから
自分がどのように学んで成長するか
ということのほうが大切である

就職活動中の学生など、若い人とお話しすると、「将来性があって、これから伸びる会社にいきたいのですが……」と相談をされることがあります。

はっきり申し上げて、そんなことがわかる人はこの世にいません。

私が学生だったころも、いまで言う「就職人気企業ランキング」のようなものがありましたが、その上位にいた企業は現在、ほとんどランキングに残っていません。

また「初任給がいいから」とか「福利厚生が充実しているから」ということを基準に会社を選ぶことにも反対です。

それよりも「どんな職種に興味があるのか」「その会社に入ってどんな仕事をしてみたいのか」「自分の考え方と社風は合致しているのか」という基準で選ぶほうがよほど大切です。

現在はインターネット等で、ありとあらゆる情報を調べることができます。しかし、そのような情報に流されすぎると、自分自身の視点を失ってしまいます。

人から聞いた情報だけを頼りに、就職や転職という人生の方向性を決める選択をすることはあまりにも危険です。

16

20代から30代のうちに、
どこかひとつの会社でじっくり腰を据えて
試行錯誤しながら組織での働き方を経験しよう。
そこで身につけた能力や経験は
必ずその後の仕事人生に生きてくる

若いうちにさまざまな経験をしておくことは大切です。

しかし、小刻みな転職を繰り返すことはおすすめできません。

せめて5年から10年はひとつの会社に身を置き、組織での働き方を身につけるべきです。

経営者の示すゴールを各社員がそれぞれ目標に落とし込み、それに向かって努力する。このようなビジネスの基本はどの会社でも同じです。

どんなことでも基礎は大切。仕事だけではなく、私の趣味であるドラムや自転車、マラソンでも同じことが言えます。

20代から30代のうちに、このような基礎をひとつの会社でとことん叩き込む。

そのためには、5年から10年の時間が必要なのです。

仕事に就いたばかりのころはなかなか面白い仕事に出合うことはできませんが、ときが経つにつれ、徐々に基礎が身につき仕事の醍醐味がわかるようになります。

そして、このことがその後のキャリア形成にいい影響を与えることは間違いありません。

17

転職とは自分のキャリアを伸ばすためのもの。「上司が嫌だ」など、逃避型の転職は絶対に成功しない

ひと昔前と違い、現在では「一度就職したら定年まで勤めあげる」という常識はすでに崩壊しています。そんななか「会社に守ってもらうのではなく、自己責任でキャリアアップしていこう」という人が増えています。

私は、そのような前向きな転職には大いに賛成します。私自身もいままでに4回の転職を経験しました。

一方、「上司が嫌だから」「社内の人間関係がうまくいかないから」「仕事にやりがいを感じないから」など、ネガティブな理由で転職する人も増えているような気がします。そのような「逃避型」の転職には私は反対です。こういった転職のしかたをすると、次の会社でも同じような不満を抱えることになり、また逃げだすことになります。

組織で働く以上、不満がまったくない環境を望むことは不可能です。

転職とは「現在の仕事以上に挑戦したいこと」が見つかったときにするものなのです。

18

別のステージを望むなら、
行動に移す前に
いまの仕事がそこにどうつながるかを
考えてみることが先決である

前項で、転職とは「現在の仕事以上に挑戦したいこと」が見つかったときにするものだと書きました。

「こんな仕事がしてみたい！」とチャレンジすることは大切です。

しかし、ここで気をつけなければならないことがあります。

それは、自分の能力、経験のことを鑑みずに挑戦してもうまくいかない、ということです。

ビジネススキルは、階段を1段ずつ登るように地道に積み上げていかないと身につきません。かりに、エレベータに乗って目的の階までいくことができたとしても、基礎が身についていなければ、そこから先がうまくいかないものなのです。

会社内で異動の希望を出すにしても、新天地を目指すにしても、このことを忘れてはいけません。

もし、挑戦したいことが見つかった場合、まずやるべきことは、現在の仕事をどうやってそこにつなげていくのか、次のステージに上がるために足りないものを、いまの環境のなかからどうやって手に入れるか、ということを考えましょう。

それが、次のキャリアへの近道となるのです。

19

敷かれたレールを離れ、
マンションの一室でゼロから立ち上げる仕事を選んだ。
それがいまの仕事の下地になっている

大学卒業後、私は日本NCRから横河・ヒューレット・パッカードに移り、安定した大手で仕事をしていました。大きな転機は30歳を過ぎたころ。３年先、５年先の自分の人生が見える生き方に疑問を感じて退職したのです。

その後、シュルンベルジェという会社の日本法人から誘われて、入社します。法人といっても、アメリカ人ひとりと、あとは私だけ。東京郊外、立川の飲み屋街にあるマンションの一室からのスタートでした。しかも、いきなり「直販部隊をつくるから、販売代理店をきれ」と言う。エンジニアだった私にははじめての経験です。大手商社の役員や弁護士が居並ぶなか、私ひとりで戦ったのです。さらには新しいビルを借りる交渉、人の採用も経験しました。

組織の成長もつぶさに見ることができました。10人以下のときは家族も同然。朝、顔を見ただけで相手の体調がわかる。それが30人で少し会社らしくなる。そして、１００人を超えると、ひとりでは行き届かなくなる。そんなふうに、組織の成長によってマネジメントのあり方を変えなければならない、ということを身をもって知りました。これらは、すべて現在の仕事の下地です。

安定を捨て、リスクをとってよかったと、あらためて思います。

20

転職したときは
それまでのキャリアや経験を
捨てるつもりで働いてみる

この言葉は、私が中途入社の社員によく言っていることです。

中途入社の人は「いままでの経験を生かして新しい会社に貢献したい」と思います。

しかし、そのような気持ちで働きはじめると、組織の悪いところばかりが見えてきます。そして、その問題を解決しようと躍起になるのです。

どのような企業にも必ず弱点や問題があります。それと同時に「強み」もあるはずです。

本来、その「強み」を伸ばしていかなければならないのに、欠点ばかりが目につくようになってしまうと「強み」を潰してしまうことにもなりかねません。また、組織が変われば当然やり方も変わります。前の会社で経験したことが必ずしもいまの会社で役に立つとはかぎらないのです。

私自身もマクドナルドに移って、アップル時代のやり方を踏襲しようとはまったく思っていませんでした。

転職してまずやるべきことは、1日もはやくその会社の強みを見つけることなのです。

21

20代は学ぶとき。
30代は人生の方向性を決めるとき。
40代は決めたことをまっとうするとき。
50代は後継者をつくって
自分の第2の人生キャリアを考えるとき

若いころは無限にあると思っていた時間も、歳を重ねるごとに経過する速度がどんどんはやくなってきます。読者のなかにも「最近1週間があっという間だな」と感じている人も多いと思います。

なんの目的も持たずに、ただ仕事をこなしているだけだと、あっという間に時間を浪費してしまいます。

そうならないためには、常に「いま何をすべきなのか」ということを考えながら毎日を過ごす必要があります。これは、仕事だけではなく、プライベートでも同じです。

ですから、各年代に合わせた目標を設定することが必要なのです。たとえば右のように、目標にしたがって毎日の仕事に取り組んでいくと、その仕事からより多くのことを学びとろうという意識が生まれます。同じ仕事でも得られるものがまったく違ってくるのです。

目標を持てば時間がただ過ぎ去るということはなくなります。すると、仕事だけではなく、人生そのものが充実するはずです。

22

異動は会社員の宿命であり醍醐味。
望まなくても、新しい活躍の舞台が
もらえるのだから

会社員にとって人事異動は避けようのない宿命です。もちろん不本意な異動を命じられることもあります。

それをチャンスととらえられるかどうかで人生の充実度は変わってきます。

才能や能力は、自分ではなかなか見えないものです。自分ではこの分野に才能があると思っていても、第三者から見ると、違う才能があると映っていることもあるのです。

何度かお話ししましたが、私自身も横河・ヒューレット・パッカード時代、技術職を希望していたにもかかわらず、営業に配属されたことがありました。当時の私は「いつ、開発の部署に異動させてくれるのですか？」と毎年言い続けていました。

しかし、いま考えると営業を経験できたことは自分にとって大きな財産になっています。当時の私は「技術屋として生きていくのだ」という信念がありましたから、自ら営業部で働いてみたいと思うことはなかったでしょう。

自分にとって不本意な異動も、新しい能力を獲得するチャンスととらえれば、その後の人生がより実りあるものになることもあるのです。

23

３年以上同じ仕事をするな。３年以内に後継者をつくるのが仕事である

現代社会はめまぐるしい変化の連続です。そのような世の中ですから、よく「変化に対応しよう」とか「変化を先取りしよう」と言われることがあります。しかし、私に言わせればこのどちらも「遅い」。変化に追いつくのではなく、いまや自らが変化をつくっていくという姿勢が大切なのです。

ずっと同じ仕事を続けていては、変化をつくりだすことはできません。ただし私は転職しましょうとか、部署を異動しなさいと言っているのではありません。同じ部署にいたとしても、あなたと先輩や上司ではやっている仕事が違うはず。それぞれに役割というものがあるからです。もちろん、あなたが担当している仕事にも大切な役割があります。ですから、あなたがもっと難しい仕事にチャレンジするためには、後継者を育てるしか方法はないのです。

私自身もシュルンベルジェで働いていたとき、フランス本社で働けるチャンスをもらったのですが、後継者がいないという理由で断らざるをえない状況になってしまったことがあります。

このとき、後継者育成の大切さを思い知りました。

次章でもお話ししますが、2013年8月、私はマクドナルドの事業会社である、日本マクドナルドの社長とCEOの立場をカナダ人女性のサラ・カサノバに託しました。

私が日本マクドナルドの社長に就任して10年が経ちますが、着任当時から後継者育成については真剣に考えていました。本当は5年ほどで育てようと考えていたのですが、あっという間に時間が経っていました。

私がずっと社長を続けているかぎり、次のタレント（有能な人材）は育ちません。変化を起こし成長し続けるためには、いまのポストをだれにどうやって譲るか、ということを真剣に考え続けなければならないのです。

役職についている人のなかには、自分の立場を守るために部下の成長を邪魔する人もいます。しかし、このような姿勢は、組織に多大なる損失を与えます。このような人はいずれ会社には必要のない人材になってしまうのです。

いまやっている仕事は3年以内に後継者をつくって卒業し、さらに責任ある仕事へとステップアップしていく。

常にそのような姿勢で仕事に臨むことが、あなた自身にとっても組織にとっても成長するために必要なことなのです。

リーダーシップ

Leadership

24

リーダーが大きな目標を掲げるのは、
会社のなかでこれだけチャンスがあるんだと
社員に教えるためである

みなさんは、上司から「できるわけないじゃないか！」と思えるような指示や命令を受けたことはありませんか？　私も若いころは、上司から言われることに対し「なぜこんなに理不尽なことをさせるんだ」と思っていました。

しかし、立場が上になるにつれ、なぜ上司が理不尽なことばかり言っていたのかがわかるようになりました。

それは、ビジネスチャンスというものは、人が「できるわけない」と思っているところに潜んでいるから。

リーダーにとって、どんなに難しい案件でも部下を「やる気」にさせて、目標を達成するということも重要な仕事のひとつなのです。

そのときに大切なのは「やるぞ！」のひと言。一見「できるわけない」案件に対して、部下が「もしこれが実現したらすごいことになるぞ」と前向きなチャンスととらえられるような、リーダーシップが必要です。

もちろん、本当にムリなことを押しつけてはいけません。自身の経験にもとづいて、ある程度の確信があるからこそ部下を牽引することができるのです。

25

人に情熱を伝えるのは「We」という主語

「このキャンペーンの成功は、みなさんにかかっています」

フランチャイズのオーナーさんや店舗のスタッフ向けのメッセージで、こんな原稿が社員から上がってきたら「書き直し」です。

問題は主語。「みなさん（You）」ではなく、「我々（We）」でなければなりません。「みなさん」と言った瞬間、頑張るのは「あなた」であり、言葉を発している側は当事者ではなくなります。それでは「上から目線」になってしまいます。コミュニケーションにおいて重要なのは、相手のどこに立つか。つまり、どんなスタンスで相手に接するかということです。

私たちは「業者」という言葉も、絶対に使いません。取引先も、オーナーさんもすべてビジネスパートナーです。「本社のほうが上なのだから言うことを聞け」。こんなスタンスでは、一丸となってよりよい商品をつくり上げたり、お客様に気持ちのいい対応をしてくれるはずがありません。「あの人の、あの会社のためにやってやろう」と思ってもらうことが私たちの仕事なのです。

それは、社内でも同じこと。自分や部署のために力を発揮してほしければ、常に「我々」と同じ仲間だというスタンスに立つことが重要なのです。

26

リスクが発生して組織が混乱しているとき、
リーダーに必要なのは冷静なロジックである。
一緒に熱くなってはいけない

リーダーという立場は常にリスクと背中合わせです。

マクドナルドも2007年、大きな危機を迎えました。都内のフランチャイジーオーナーのひとつが、サラダの調理日時を改ざんしていたという問題が発生したのです。

もちろん、この問題は組織ぐるみで行ったことではなく、個人の知識不足が原因の過失でした。

私はこのとき社員に対して「卑屈になる必要はない。反省すべきは反省して、あとは堂々としていればいい」と伝えました。その後、問題点を徹底的に調べ、改善の方法を練り、記者会見を開き説明しました。記者から「もういい」と言われるまで毎日続けたのです。

結果的に売上を落としたのは、問題を起こした店舗だけでした。

経営者の役割は、お客様はもちろん、株主やパートナー企業、従業員、そして事業全体を守るということです。

そのためには、問題が起きたとき組織のなかから原因を見つめるのではなく、状況を客観的に俯瞰する冷静さが必要なのです。

27

リーダーは朝令暮改でいい。
やってみて検証すればいいし、
その結果間違っていたら変えればいい

朝令暮改という言葉は、あまりいい意味では使われません。

しかし私は、リーダーは朝令暮改でいいと考えています。

前述しましたが、ビジネスパーソンにとって失敗を恐れずに挑戦することはとても大切なことです。これは、立場に関係なくすべての人に共通することです。

そのような姿勢で仕事に取り組んでいると、どうしても朝令暮改になってしまうのです。失敗したら、原因をしっかりと検証し、いい方向に変えていけばいいのです。

実際、私自身も成功体験の10倍以上の失敗を経験しています。

リーダーの発言内容が変わると部下は戸惑います。

そのときは、部下に「なるほど」と言わせるくらいの勢いで説明すればいいのです。

私は「たとえ間違えていたとしても、その次を信じさせる力」こそが、真のリーダーシップだと考えています。

28

リーダーに求められる力とは、
「チームのパフォーマンスを最大化するために
自分の振る舞い方について自己管理できる能力」
である

「マネジメントは忍耐と寛容である」。私はそう考えています。

リーダーは、自分の率いるチームが常に最高のパフォーマンスを発揮するための努力をします。

その際、状況に応じて違う顔を見せていかなければならないのです。

部下が失敗して、怒鳴りつけたい気持ちになってもグッと我慢し、冷静になって原因を検証する。そして本人に、リカバリの方法を考えさせる。

逆に、あまり気持ちを前面に出さない性格であっても、ここぞというときには「俺についてこい！」とチームを牽引する。

さらに、明らかに方向が間違っていたとしても、部下にまかせて最後まで成り行きを見届けることも必要です。

常に自分を律しながら、ときと場合によってマネジメントの方向性を変え、チームの持つ力を最大化させていく。

このような能力も、リーダーに必要な資質のひとつと言えるでしょう。

29

健康管理はリーダーの責任のひとつ。身体を鍛えないリーダーはダメだ

自分を律するというお話をしました。

自己管理について言えば「健康である」ということもすべてのビジネスパーソンにとって大切な資質のひとつです。責任ある立場になればなるほど身体を大切にしなければなりません。

自分の健康管理ができないということは、仕事ができない以上に問題なのです。少し風邪をひいただけでも仕事のパフォーマンスは低下してしまいます。そこでムリして頑張るより、1日休んで体調のいい状態で仕事をしたほうがよほど効率的です。どうしても休めないという日もあると思いますが、そういった大事な日に体調を崩すということは、健康管理が甘い証拠です。

病気に関しては、いたしかたない部分がありますが、自らの不摂生で体調を崩すということは絶対に避けなければなりません。

お酒や食事、睡眠の管理はもちろん、少々のことでは体調を崩さないために身体を鍛えることもリーダーの責任の一部なのです。

30

社員もお客様も論理では動かない、心で動く

私はよく社員に対して「ビジネスは、サイエンス（科学）とサイコロジー（心理学）である」と言っています。ビジネスに「数字」が必要なのは言うまでもありませんが、その根幹は人と人とのコミュニケーションです。

何か新しい挑戦をしようとするときは、人を動かさなければなりません。どんなに素晴らしい施策であっても、数字や論理を提示するだけでは社員は動いてくれないのです。

当然ですが、これはお客様に対しても同じです。「心」で接していかなければ、ブランドやサービスに対して魅力を感じていただくことはできません。

たとえば、作業をスピードアップすることで、ピーク時の行列を減らせば当然客数が伸び、売上が上がります。しかし、それは会社側の理屈です。「お客様のストレスを軽減する」という気持ちで取り組まなければうまくいきません。

もちろん、サイエンスの視点で論理的に物事を考えることも必要です。しかし、それは全体の0・2％くらいで十分。

残り99・8％は人と人とのコミュニケーション。お客様に対しても社員に対しても、「心」を動かすための施策が大切なのです。

31

リーダーは週に1度、部下から何を学んだかをふり返ってみるべきである

部下が上司からさまざまなことを学ぶ、これはあたり前のことです。

しかし、上司や先輩も部下や後輩から学ぶ必要があります。

リーダーのいちばんの仕事は「人を育てること、後継者をつくること」です。

身近に、ありとあらゆるところから学ぶ姿勢を持つ上司がいるということは、部下にとってはいい刺激になります。その刺激が成長につながるのです。

アメリカのメジャーリーグ、ニューヨークヤンキースで活躍するイチロー選手が以前こんなことを言っていました。

「日本にいたときも、僕より若くてキャリアのない選手がいろいろ聞いてくることはありました。でも、キャリアを積んだ選手となると、だれもいなかった。しかしこちらでは、(安打を)3000本近く打っている人でもいろいろ聞いてくる。この違いはなんなのか」

企業は、所属するすべての人がインプットとアウトプットを続けていないと思考停止に陥ってしまいます。立場を超えて学び続ける意識を共有し、新しい挑戦をしていくことが、真の組織力と言えるのではないでしょうか。

32

若者との対話で学ぶのは、いつも私のほう

前項で、部下から学ぶことの大切さについて書きました。

私は現在でも、月に1回以上は若手社員と話す機会を持つように心がけています。社内で話すこともありますし、夕食を共にすることもあります。

そこでは、趣味や家族の話など仕事以外の話をすることを心がけています。

若手社員を刺激したいという思いからはじめたのですが、実際には私のほうが多くのことを学んでいます。

どのようなことに興味があるのか。どのような考えを持って働いているのか、何がわかっていて何がわからないのか、こういった話を聞くことは経営の課題を解決するヒントになりますし、新たな課題を見つけるチャンスでもあります。

言い方は悪いですが、執行役員との会議より、学ぶことが多いような気がします。

経営者でなくても、普段接することの少ない世代の人々と話す機会をつくることは、有意義な学びを得るためのひとつの方法です。

33

伸びしろのある人材には、仕事をまかせることが最高の教育である

組織が成長していくために必要な要素は、お金ではなく「人」です。

若い人が成長を阻害されずに、実力を発揮できる組織でないと、いつか行き詰まることになります。

年齢を重ねると、若手の社員がどうしても頼りなく感じてしまうものです。

しかし、年齢や経験を考えず客観的にその社員の実力を見てみると、いくつも上の社員と同じくらいの実力があった、という例はたくさんあります。

リーダーがこのような「眼」を持たなければ、いい人材を見逃してしまうことになります。

たとえば、ひとつのポストに空きができて、若手社員とベテラン社員のどちらにまかせようか迷った場合、たいていのリーダーは安定的に結果を出せるベテラン社員を選びます。しかし、将来的な伸びしろのことを考えれば、失敗するリスクがあるとしても若手社員を登用すべきです。

これこそが最高の社員教育なのです。

教育とは紋切型のトレーニングを受けさせるようなものではなく、これまで経験のないような厳しいチャレンジをさせることなのです。

34

部下に対しては、
要求レベルをどんどん上げていくのが愛情。
本気で褒めるのは年に1回でいい

仕事の成否は部下がついてくるかどうかにかかっています。多くの場合、現場でお客様や取引先との接点になるのは部下ですから。成否を分けるのは、戦略そのものより、実行力。実行するのは、常に部下なのです。

しかし、部下をおだてればいいというものでもありません。もちろん、怒鳴ったりすることはありません。たんに要求レベルをどんどん上げていくのです。心を鬼にして、厳しい経験をさせることが、部下の成長につながります。その場ではたとえ憎まれても、後から「いい経験になった」と言ってもらえるような仕事の機会を与えていくべきなのです。ですから、褒めるのもほどほどに。

私の場合、メールの返事は「Ｇｒｅａｔ」「Ｆｉｎｅ」「ＯＫ」と、だいたいひと言で終わります。過剰に褒めることは、あまりないのです。逆に、本気で褒めるときは、「よくやったね」などという通り一遍の言葉ではありません。

成果を出した部長に対し、「パーフェクトだった」とハグしたこともあります。そのときは、相手も感動して涙を流してくれました。常に褒めているよりも、おたがいにとって貴重、かつ印象深い瞬間になるのです。

35

褒め方には2通りある。見返りを求める褒め方と、そうではない褒め方

ランニング中に聴いているラジオから学んだ言葉があります。

「褒め方には2通りある。ひとつは見返りを求める褒め方。もうひとつは、そうではない褒め方」

いい表現だと思いました。

私もいわゆるお世辞は言わないようにしていますし、褒めた後に見返りを求めません。褒めることによって、いい上司だと思われよう、というような薄っぺらな褒め方が嫌なのです。

ですから、褒めるときは本当に相手の言葉や行い、成果が素晴らしいと思った瞬間だけです。ともすれば、優しくない上司、とも思われがちです。

一方で、そういう気持ちで褒めるほうが、褒める回数が少なくても、美辞麗句を並べなくても、相手にずっと気持ちが伝わると信じています。

36

力を入れるところと抜くところ
リーダーに必要なのは、その使い分け

社員が元気を失っているとき、リーダーとして先頭に立ち、旗振り役を務めなければならない瞬間があります。2013年に行った、1個1000円のハンバーガー「クォーターパウンダージュエリー」のキャンペーンがまさにそうでした。現場にも深く入り込み、キャッチコピーからポスターに印刷する文字の書体まで、事細かに議論しました。確実に成果を出して、「自分たちはやればできる」という自信を社員に復活させたかったからです。

ですが、毎年これを続けるわけではありません。続けると、社員のなかに「社長から言われたことをやる」という意識が醸成されてしまい、社員の成長を阻害する要因になりかねません。私が何もしないことが、社員の育成にとって、もっともいいことなのだと思います。

力を「入れること」と「抜くこと」の重要性は、トライアスロンで行う海での水泳から学びました。プールでは力を入れればぐんぐん前に進みます。しかし、大きなエネルギーを持った波のなかでは、力を抜けば抜くほど、進みます。それがわかったら、いつまでも泳げる、という自信になりました。力の入れどころ、抜きどころを理解することで、仕事はさらに楽しく、ラクになると思います。

37

私がリードする前に、
社員がどんどんリードしてくれる。
それが社長にとってうれしい瞬間

経営者をやっていると、数年に一度、危機が必ずやってきます。もちろん、危機がないに越したことはありません。しかし、危機によってもたらされることもあります。それは、危機のときこそ社員が育つからです。

たとえば、以前、メガマックというビーフパティを4枚はさんだハンバーガーを発売したとき、パティが足りなくなるという事態に陥りました。つまり、ハンバーガーやビッグマックなどの看板商品が売れなくなってしまうということです。そんなときに、社員の力が結集します。そして、だれに言われるともなく、自分はいま、何をすべきかを考え、最大限のパフォーマンスを発揮しようとしてくれます。すると、それまでに持っていた以上の能力を出さざるを得ず、そのぶん、成長するのです。

経営者としては、社員がリードしてくれ、その結果、社員が成長してくれたのを見るのがとてもうれしい瞬間です。

危機に陥ったら、落ち込むのではなく、リーダーであれば部下の成長を、そうでなければ自分自身の成長を加速するチャンスだととらえ、できることを探して力を注ぐといいでしょう。

38

人間は明日の人事を保証した瞬間、その人も会社もエネルギーを削がれる

たとえば、上司から「あと1年経ったら課長にしてあげる。その後5年経って、とくに問題がなければ部長にしてあげる」と言われたら、あなたは全力で仕事をするでしょうか。ほとんどの人が問題を起こさないように、波風を立てないように消極的な仕事をするはずです。

仕事というのは真剣勝負の場です。どんな立場の人であれ、結果責任はついてまわります。結果が出る前に人事を保証するというリーダーの行為は、部下のやる気やエネルギーを削ぐ以外何も生みません。

私は、これまで5つの会社で働いてきましたが、自分の意思で転職したのは、横河・ヒューレット・パッカードからシュルンベルジェに転職したときだけです。その理由は、安定した大手企業であるヒューレット・パッカードでの仕事は、先が見えていたから。

逆にシュルンベルジェは、49ページでお伝えしたとおり、先がまったく見えない状態。だからこそ自分の力を最大限引きだせると思い転職したのです。

人はいつ死ぬかがわからないから、最期まで生き抜こうとします。私は仕事も同じことだと考えています。

39

人を評価することがリーダーの仕事ではない。
人をつくることが仕事である

「管理職は人を管理、評価する役職である」と勘違いしているリーダーが多いと感じます。

たとえば、動かない部下に対し「この部下は自分から動かないからC評価」という、管理項目にしたがって評価をくだすだけならだれにだってできます。

本来、管理職がやらなければいけないことは、動かない部下を、いつまでに、どうやって一人前の社員に育てるか、そのロードマップをつくることなのです。

それと同時に、部下が動かないのは自分に原因があるのではないか、と検証し、それを正していく努力も必要です。

そうやって、部下の実力を最大限発揮させ、前向きに動けるようにすることこそ、管理職の仕事なのです。

40

次のアクションに対する姿勢を評価しないで
過去の結果だけを評価したら、
管理職など必要なくなる

いわゆる管理項目だけで部下を評価するマネジメント手法では、もうひとつ弊害が出ます。

それは、過去のことしか評価しなくなってしまうということです。

このような「マニュアル人事」は、外部の業者に委託してもできてしまいます。管理職などいらなくなってしまうのです。

人事評価をマニュアルに頼っていては、部下の「成長の芽」を見落としてしまいます。

評価とは「その人が次にもっといい行動をするための行い」なのです。

マニュアルに頼らず、未来に対する前向きなアクションにも目を向ける。

過去を評価するのではなく、部下を次のステージに引き上げるために何をするか考える——。

リーダーにはこういった姿勢が求められるのです。

41

後継者を育てられないリーダーは、どんなに好業績を挙げようとも、リーダー失格

数あるリーダーの仕事のなかで、私がいちばん大切だと考えているのは、「後継者を育てる」ということです。

いまの経営者が去ると、これまでの業績が維持できないような企業では、だれも価値を認めてはくれないからです。

これは、経営者だけの話ではありません。課長や部長、店長などリーダーと呼ばれるすべての人にあてはまります。

よく、自分ひとりで一生懸命数字をつくって、業績を挙げているリーダーがいますが、私はこのような人を評価しません。その人が抜ければ間違いなく、その部署の業績が下がってしまうからです。ましてや自分のポストを守るために、あえて部下を指導しないリーダーなど論外。

どんなに小さな組織でもリーダーになったら、自身の仕事と並行して後継者育成に取り組みましょう。

42

後継者を育てることができたら、
リーダーは自ら退任すべき。
退任とは成功である

社長退任。

みなさんはこのフレーズを聞いてどう思われるでしょうか。

多くの人がネガティブなイメージを持たれるのではないかと思います。

日本では、退任という言葉の前に「責任をとって」という言葉がつくことが多いからです。

前章でも少し触れましたが、2013年の8月に私は、日本におけるマクドナルドの事業会社である、日本マクドナルドの社長とCEOを退任しました。

サラ・カサノバという後継者を育てることに成功したからです。

社会環境や消費者の意識、科学技術など、トレンドは常に変化し続けています。それにともなって企業や組織も常に変化が求められています。

その変化をつくりだすこともリーダーの役割であり、そのためには後継者育成が欠かせないのです。

ですから、後継者を育て、自らが身を引くことを「失敗」や「敗北」と考えてはいけません。

自分のポジションを死守しようという保守の意識は、精神風土と言っていいほど、日本人の心のなかに刷り込まれています。

しかし、ひとりのベストプレーヤーだけに頼っているチームはそれ以上強くなることはできません。

後継者を育て、自らのポジションを譲るということが「成功」である、という発想の転換が必要です。

世界を見渡せば、そのような考え方は常識なのです。

マイクロソフト、アップル、グーグルなど、アメリカの有力企業は経営者の交代が非常にスムーズに行われています。後継者育成がきちんと行われているのでしょう。

経営

Keiei

43

私はメモを残さない。後から見直していては遅いからだ

情報が一瞬で世界中を駆け巡り、日々技術革新が起きる時代、企業であれ個人であれ、スピード感を失うと、あっという間にライバルに追い抜かれてしまいます。たとえば、私は新しい情報やアイデアをメモに残すことはしません。後から読み返して、どうしようか考えていたのでは、すでに情報鮮度が落ちている可能性があるからです。

ですから私は、何か役に立つ情報に出合ったり、アイデアがひらめいたときは、すぐに電話やメールで指示を出すように心がけています。

また、スピーディーにビジネスを進めるうえでは、情報の流れを遅くするボトルネックを排除し、意思決定をはやくすることも大切です。

一般的な企業では、ピラミッドを1段ずつ登るように情報が上がってきますが、私は直属の上司とトップの両方に同じタイミングで決済を仰ぐようなしくみを取り入れています。

44

多くの人は締め切りに間に合うように決断するが、
私の場合、締め切りが先だとしても、今日決断する

経営とは、決断の連続であると言っても過言ではありません。

前項でも少し触れましたが、いかに決断をはやくするかということが、企業の成長を左右することもあるのです。

私は、たとえ月末に締め切りが設定されていても、自分のなかでもっと前倒しにした締め切りをつくり、すぐに決断するように心がけています。

人は、長いスパンの締め切りを設定されるとスピード感をもって仕事ができなくなってしまうからです。逆に、一見不可能に思える締め切りを課されると、信じられない集中力を発揮して終わらせることができてしまうのです。

私は自分自身だけではなく、社員に対しても非常識と思われるくらい厳しい締め切りを設定しています。それをクリアできると知っているからです。

実際に彼らは、それを見事に達成して会社の成長に貢献してくれています。

競争に勝つには、厳しすぎるくらいの締め切り目標を設定することが重要なのです。

45

たとえ捨てガネが発生しても遅れるより安い。リサーチは仮説を検証するためにあればいい

人よりはやく動き、競争に勝つためには、スタート地点からゴールを見るのではなく、ゴールから自分の現在位置を見ることが大切です。

一般的に新しい試みを行うときは、詳細な市場調査をし、方針を決め、その方針にもとづいて実行します。これが「スタート地点からゴールを見る」ということです。

しかしそれでは、いざ実行しようとしたとき、すでに環境が変わっている可能性があります。つまり、それでは遅いのです。

私は「これだ！」というアイデアを思いついたら、徹底的に議論し、仮説を立ててすぐに実行に移します。リサーチは仮説を検証する目的で、あとから行います。「ゴールから現在位置を見る」ということです。

もちろん、失敗して損失を出すこともありますが、遅くなって機会損失を起こすより、よっぽど低コストだと思っています。

このような逆転の発想こそ、変化の激しい市場で勝ち残っていくための武器となるのです。

46

10億円の決済より100万円の決済に時間をかけることもある。決断の大きさは金額に比例しない

「10億円の決済をよくそんなスピードでしますね」とおっしゃる人がいます。しかし、10億円の決済より、100万円の決済のほうが時間がかかることがあるのです。10億円の決済でも「失敗しても1回10億円を失うケガですむな」と思えばGOを出せます。一方、100万円の決済でも、その裏側に会社の大きなシステムの問題が隠れているならば、十分検討しなければなりません。

たとえば、厨房のフライヤーが壊れたから急遽入れ替えます。こんな話であれば、ごく少額の決済です。しかし、それは店舗の機器の製品寿命をきちんと考慮していない、という全店舗にかかわる課題を包含しています。

機器が壊れてから修理、あるいは交換するというマネジメントでは、お客様に一定の期間、商品を提供できないことが前提になります。すると、それは少額の決済の問題ではなく、機器のライフマネジメントという議論に発展し、そう簡単に決済できない案件になるのです。

生活や仕事の場面でありがちなのは、「たいした額じゃないからいいんじゃない？」という決断です。そうではなく、それがどれだけ真のビジネスインパクトにかかわるかを考えなければ、意思決定の質は上がらないのです。

47

商売は麻雀でいう、リーチ一発カンチャンツモ。
いまだと決めたら、躊躇せず瞬時に動かなくては
絶対に勝つことはできない

以前、「えびフィレオ」という商品を発売したときのことです。

実はこの商品を発売することは、大変なリスクをともなうものでした。

マクドナルドでは通常、新商品を投入するときに地域を限定して、テスト販売を行ってから全国で発売しますが、このときはテスト販売をまったく行わなかったのです。

なぜなら「えびの好きな日本人がこの商品を支持してくれないわけがない」という勝算があったから。これは私の商売の勘です。つまり大きな賭けに出たということです。

テスト販売を経て市場に投入するとなると、発売までに半年以上かかります。しかし、勝算があるのだから、それを信じて市場が変化する前に投入すべきと判断したのです。結果的にこの商品は大成功を収めました。

こういった「勘」を養うには、普段から現場に足を運び「商売のにおい」を嗅ぐ必要があります。この感覚がない人はビジネスパーソン失格だと思います。

ときには過去のデータを分析することも必要ですが、普段から現場を見ていれば、ここぞというときに、勇気を持って勝負することができるのです。

48

業績がいいということもピンチのひとつである

経営とは、たくさんのピンチとほんの少しのチャンス、私はそう思っています。アップル時代も、マクドナルドでもいつもピンチの連続です。

しかし、そのような逆風があるおかげで、人は、それをどうしのぐべきかと考えることができますし、鍛えられるのです。

私は業績がいいときでも、社員に対して常に「危機感を持って問題点を探しなさい」と言っています。

業績がいいということは、落ちる可能性があるからです。このような危機感を持って仕事をしていれば、自然と解決すべき問題点が見えてくるのです。

前述しましたが、以前、「メガマック」を発売したときのこと。お客様から好評をいただいたのですが、その裏では、ビーフパティが足りなくなるという大ピンチに見舞われていました。数日徹夜で議論し「数量限定で販売する」ことを決め、結果的に成功を収めたのですが、そのとき、ピンチとチャンスは裏腹であることをあらためて感じました。

好業績でもけっして慢心せず、常に問題点を意識する。このような「とことん考え続ける姿勢」が経営者には求められるのです。

49

戦略に○も×もない。どんな戦略も○。
10人のなかからだれと結婚すれば幸せになれるか、
という問いと同じ。
結局はすべて、実行力で決まる

失敗を振り返るとき、戦略が悪かったのか、それとも実行に問題があったのかを考えます。そして、そのほとんどは実行の失敗です。つまり、どんな戦略でも、ほとんどは「○」なのです。

乱暴に言えば、戦略を選ぶのは、10人のなかから結婚相手を選ぶのと同じだと思っています。どういうことか。結婚を経験している人ならばわかると思いますが、だれと結婚したところで、おたがいを思いやり、理解し合う努力をしなければ、うまくいきません。つまり、失敗は相手を選択するときの問題ではなく、結婚後の「実行」をどのようにするかという問題なのです。

だから、過去に失敗した戦略を「失敗する可能性が高いからやめるべき」というのも、逆に成果を出した戦略を「これだったらうまくいくんじゃないか。前に成功したんだから」というのも、リスクの高い意思決定です。過去とは環境が変わっているのはもちろんのこと、その戦略がよかったから／悪かったから、成功／失敗したわけではない場合が多いからです。

どう実行していくか。戦略の決定に時間をかけるよりも、決断した戦略に力を注ぐほうが圧倒的に成功の確率は高まります。

50

1年は13カ月で考えろ

私はよく「1年は13カ月で考えなさい」と言っています。

つまり、今日が元旦だとして、1年の計画を立てるとき、翌年の1月までを「今年」と考え、そのぶんの数字も計画に盛り込むということです。

この目標を達成することで、売上を約8・3パーセント上げることができます。すると、翌年の売上のベースラインも上がります。

このように、1カ月ぶんスピードアップするということは、1カ月ぶんの効果を生むだけではなく、その先何年かまで効果を及ぼすのです。

たとえば、1年間（12カ月間）ずっと売上前年同月比が2ケタ伸びていたとします。そこで13カ月目に「いい勢いだから今月も2ケタ増を狙おう」と言うと、優秀な社員にかぎって「いや、前年の数字は2ケタ増だったので、今月は1ケタ台の伸びが精いっぱいです」と答えます。

しかし、会社に勢いがある場合、このような考え方では成長を阻害してしまう可能性があります。こういった状況下では、過去の数字にとらわれることなく、さらに2ケタ増を目指すべきなのです。

経営者だけでなく、すべての人がこのような感覚を持つべきだと思います。

51

過去を振り返っても意味がない。前だけを向いて生きよう

小学校のころ、子ども会のおじさんが話してくれた一休さんの昔話は強烈に記憶しています。

「酒を買ってこい」と言われ、お金と土瓶を渡された一休さんは、酒屋にいって、枡で土瓶に酒を注いでもらい、肩にかついで意気揚々と帰途につきました。ところが、途中で紐が外れて土瓶が落ちてしまったのです。ふつう、人はあわてたり、こぼれた酒を少しでも集めようと悪あがきをしたりするものですが、一休さんはちらとも振り返ることなくお寺に帰りました。

この話の教訓は何か。落ちてこぼれてしまったものはもう元に戻らない。そこで立ち止まったところでどうにもならないし、振り返っても意味がない。

過去は過去。数十年前に教わった話ですが、この話は私のマネジメント思想の基盤のひとつです。

たとえば、今年の前半、業績が悪かった。だから後半取り戻さなければと考えるとおかしなことになる。過去の失策を取り戻すことが第一の目的になって、明日という未来に向けた正しい戦略がとれなくなるのです。

過去を断ちきって、明日に向けて生きることこそ、経営なのです。

52

企業というのは
「らしさ」を忘れて不振に陥り、
「らしさ」を取り戻して復活するもの

企業にとっていちばん大切にしなければいけないことは「らしさ」です。

私が、アップルの日本法人の社長になったころ、アップルは苦戦を強いられており、その原因は「マイクロソフト」であるとされていました。

しかし、それは間違っていました。アップルは「アップルらしさ」を失っていたから苦しんでいたのです。当時のアップル製品は、マイクロソフトを追いかけて、無料ソフトをいくつ入れるかというところで勝負していました。

しかし、いままでPCに触れたことのない層に向けてアップルらしい、カラフルでユーザーをワクワクさせるiMacを発売したことがきっかけで、復活することに成功したのです。

マクドナルドに移ったときも同じ。就任直後、社員に「QSC（クオリティ・サービス・クレンリネス）を高めることだけを考えろ」と訴えました。

マクドナルドの「らしさ」とは、清潔な店舗で美味しいハンバーガーを気持ちのよい接客でスピーディーに提供するということです。その土台となるのがQSCなのです。当時のマクドナルドはその「らしさ」を失って、低迷していましたので、私はまず、それを取り戻すことからはじめたのです。

53

世の中の変化についていったら負ける。
自らトレンドをつくらなければ生き残れない

よく「変化に適応しないと生き残れない」という言葉を耳にしますが、私はこの言葉に違和感を覚えます。

前述しましたが、変化とはついていくものではなく、自らつくりだすものだと考えているからです。

「消費者に健康志向が高まっている。だから低カロリーのヘルシーメニューを出すべきだ」という指摘をいただくことがあります。世の中のトレンドがそういった方向に向かっているのはたしかです。しかし、そのトレンドに追従して、マクドナルドがサラダなどのヘルシーメニューばかり売るようになってしまったら、一時的には儲かるかもしれませんが、長い目で見れば「らしさ」という企業にとっていちばん大切なものを失ってしまいます。

ひとつ1000円の高級ハンバーガー「クォーターパウンダージュエリー」を1日限定で発売したことは世の中のトレンドに反することでしたが、結果的にお客様に受け入れられました。これは、お客様が気づいていなかった潜在的な要望を顕在化し、「驚き」を提供することができたからです。

これが、変化をつくりだすということなのです。

54

有形・無形の価値があるなかで、
無形の価値をいかにつくっていくかということが、
現在の競争モデルである

お客様にとっての価値とは何か。経営者はそこを見誤ってはいけません。「ただ美味しいだけ」「ただ安いだけ」では勝ち残っていけないのです。

ビジネスは、企業が新たな価値を創造して、それをお客様にお伝えし、その価値に対してお客様が対価を払うというサイクルで成り立っています。

価値のないものにはだれもお金を払ってくれませんし、価格を下げたから価値を下げてもいいというものでもありません。

お客様に驚きを与える価値をつくりださないと勝つことはできないのです。

近年流行している「ファストファッション」は、ただ安いだけではありません。「この品質の商品がこの価格で買えるのか」という驚きを「有形の価値」として提供して多くの人に支持されています。ただ、そのぶん競争も激しい。

一方、前にご紹介したアップルの製品は違います。アップルの製品には分厚いマニュアルがついていません。だれでも簡単に使うことができるので、必要ないからです。これは「やりたいことが簡単にできる」という「無形の価値」です。

このように変化が激しく成熟した市場で戦っていくためには、「無形の価値」をいかに提供するか、ということが他社の追従を許さない競争力になるのです。

55

「値上げ」は商品やサービスの価値を上げてはじめて行えるもの

私が社長に就任してから、マクドナルドは基本的に値下げを行っていません。それどころか一部商品の価格を上げるという方針を掲げてきました。

しかしこれは、会社の利益を上げるために行ったのではありません。利益向上のために価格を上げるということは絶対にやってはいけないことだからです。ではなぜ、値上げをしたのか。

それは、商品やサービスの価値を上げたからです。

お客様は企業が提供する「価値」に対してお金を支払ってくださいます。価値が上がればそのぶんの対価を支払っていただけるようになるのです。

商品の価値を上げるためには投資が必要です。これは商品の原材料費を上げるということだけではなく、「無形の価値」である「驚き」を提供するためにも必要なことです。

こういった投資を続けていかないと、成長がストップしてしまいます。

また、お客様に抵抗なく価値を上げたぶんの対価を払っていただくためには、まず投資をして価値を上げ、それをご理解いただいたうえで、投資したぶんの価格を上げる。この順番が大切です。

56

ブランドをお客様に認知してもらうには、まず社員が「企業の心」を共有しなければならない

商品やブランドの価値を上げて、そのぶんの対価をお客様からいただくためには、お客様にブランドの価値を認識していただく必要があります。しかし、広告を打つだけではいけません。どんなに素晴らしい商品でも写真や映像を見るとふつうのハンバーガーにしか見えないからです。実際にサービスや品質をお客様に体験していただくことでしか達成できないのです。

ですから、まず社員にそういった価値を感じてもらわなければなりません。そうは言っても、トップが社員の前で言葉にしてただ伝えるだけではダメ。

マクドナルドにはハンバーガー大学というものがあります。これは、コミュニケーションやマネジメントを学ぶための施設なのですが、私はそのなかでもいちばん大切なのは、ブランドの注入だと思っています。

もちろん、このような施設がなくても、社員に自社商品を使ってもらったり、顧客として自社のサービスを体験してもらうなど、企業のスピリットを共有してもらう方法はたくさんあります。

自社の存在意義を社員全員が共有する。これができている企業だけが、お客様に認知される「ブランド力」を持つことができるのです。

57

コストカットほど易しい改革はない

改革というとまず頭に浮かぶのが「コスト削減」という人も多いと思います。しかし、コストカットばかりが先行し、売るための手段を講じなければ、改革ができないどころか、ますます業績が悪化します。

マクドナルドに移ってすぐQSCを徹底させたということは前述のとおりですが、私はそれを実現するための武器として、つくりたての商品を提供できる厨房システムの導入をはやめるよう指示しました。

それには大きな出費がともなうため、社内からは反対の声が上がりましたが「もう一度浮上するための投資である」と説得し押しきりました。

「どこのコストを削減するか」という発想より「売るためにはどこにお金を使えばいいいか」という考え方が大切なのです。

アイデアが出てきたら「どうやってそのお金を捻出しようか」と考え、経営資源を適切に再配分すればいいのです。

私は「経営とはお金の使い方を考えること」だと考えています。

つまり、改革とは「お金の使いみちをよりよいものに変える」ということなのです。

58

1年の売上だけを考えるならば、経営なんてラクなものだ

２００４年の社長就任後、２０１１年まで８年連続で成長。不振にあえいでいた日本マクドナルドのＶ字回復の立役者として、「原田マジック」などともてはやされていた時期もありました。

ところが２０１２年、一転して業績不振に陥ります。それは、私自身が戦略を転換した結果であり、私にしてみれば織り込み済みの結果でした。しかし、世間では「原田マジックの効果消える」などと言われてしまいました。

戦略の転換は、大きくはディスカウントプロモーションの見直しです。１年後の売上アップを考えれば、ディスカウントプロモーションは続けたほうがいいのです。しかし、それを繰り返し一定の時間が経つと、お客様はそれに慣れ、もっと値引きせざるを得なくなります。さらに競合他社との、不毛な戦いがはじまります。そんな消耗戦を続けて、体力が落ち、提供する商品やサービスの質が落ちれば、お客様が離れていきかねません。

１年後のことだけを考えているならば、経営なんてラクなものです。持続的な成長を続けられるような戦略をいかにとれるか。それが経営者の責任なのです。

59

日本企業の経営陣は閉鎖的。思いきった人選が世界で戦うための力を呼び込む

企業は「人・モノ・金」と言われますが、「人」という観点から見て、日本企業のグローバル化を阻害し、競争力を低下させている要因は、次の3つであると私は考えています。

・女性管理職が少ない
・経営陣が日本人だけで構成されている
・経営者が後継者育成プログラムに関して意識が低い

企業の競争力を高めるということを考えたとき、経営陣に幅広い人材を招くということが不可欠です。

そして、何度か書きましたが、経営者のいちばん大切な仕事は後継者の育成です。経営者が代わっても、会社の成長を阻害せず、継続的に発展させるためには、つなぎ目のないタレント（有能な人材）を育成することが重要なのです。

最近は、日本企業でも、新入社員や中途採用で外国人を採用するケースが多く見られます。それはとてもいいことだと思いますが、やはり世界で戦える企業になるためには、経営陣にも外国人を加えるという思いきった決断が必要です。

また、ひと昔前よりは改善されましたが、日本にはまだ女性の経営者が少なすぎると感じます。

2013年8月、事業会社である日本マクドナルドの社長とCEOをカナダ人のサラ・カサノバにまかせたのも、そういった思いがあったからです。

もちろん彼女の豊富な経験やマーケティングの能力があってこその人選ですが、外国人の女性を社長に起用することに、戦略的な意味合いを持たせたことも事実です。

事業会社の経営を譲ったことで、私自身もホールディングスの社長として、より大きな視点で経営を考えることができるようになりました。これは、会社が持続的に成長していくうえで非常に大切なことです。

このように、後継者育成は経営者にとって使命であり、義務なのです。

学びと成長

Manabi-to-Seicho

60

二度と同じ失敗を繰り返さない
というレベルの学びは、
マイナスをゼロに戻すだけで成長はない

失敗から何かを得るということは、ビジネスパーソンにとって、とても大切な「学び」のひとつです。

しかし、同じ失敗を繰り返さないための教訓を得ただけで、満足してはいけません。

「失敗を繰り返さないようにしよう」というマインドは、自分の欠点にばかり目がいっているということです。そうなると、少しでもリスクを回避しようと消極的になってしまい、新しいことに挑戦しなくなってしまいます。

これでは成長は望めません。

成長するためには、成功体験を積み重ね、自分の強さやオリジナリティを知り、それを伸ばしていくことが不可欠です。

自分の強みというのは、自分自身ではなかなか発見することができませんが、それを見つけないと成長することはできないのです。

「失敗から学ぶ」ということは、その失敗から、いままで知らなかったことを発見し、壁を突き破り、それを成功に結びつけるということなのです。

61

上司に生意気なことを言えば、
それをストレートに返してくれる。
上司とぶつかってはじめて学びが生まれる

若いころは、上司だろうが、他部署の部長だろうが、かまわずよく嚙みついていました。日本NCRで、百数十人の開発部隊にいたことがあります。あるとき、週に1回の朝礼で、その全員が集まるなか、手を挙げて発言しました。「エンジニアが納得できるまで技術を極めることが、開発の仕事のやりがいだと思う。理不尽なコスト、理不尽なスケジュールで妥協しなければならない仕事をさせるのが開発じゃない」と。

すると、部長が「原田くん、君は何を言っているんだ。象牙の塔に閉じこもった学者じゃないんだ。私たちの仕事は競合他社よりもはやく、安くつくって、お客様に売ってお金を儲けることなんだ」と。

このとき、すぐに納得できたかどうかは記憶にありませんが、このように上司にストレートに意見をぶつけてこそ、相手もストレートに返してくれる。それが学びになるのです。その場では、かなり叱られるかもしれません。でも、そうしなければ学びもないのです。

内側に思いを持っているだけでは、何も変わりません。叱られる、嫌われるなどと思わずに、自分の思いや信念をぶつけてみることはとても大切です。

62

テクニックで世渡りしようとするな。
本当の学びとは、
自分の頭で考えて、新たに発見し、発想すること書店にいくと、成功や成長のためのノウハウ本がたくさん並んでいます。もちろんそのすべてを否定するわけではありませんが、本で知識を得たからといって、まわりの人から評価されるということはありません。

本で読んだだけのノウハウや学校で教わったことは、そのまま仕事に生かすことができないからです。

何年か前に、10年間通っていたドラム教室を辞めました。すると、不思議なことに、バンド仲間から「うまくなったね」と言われるようになりました。

教室では、ものすごく難しいことを習うので、「この技術をどこかで使わなきゃ」という意識が働いていたのではないかと思います。そのプレッシャーから解放されて純粋に音楽と向き合うことができたからこそ、まわりから上達したと思われたのではないでしょうか。

知識やテクニックというのは、普段は引きだしのなかにしまっておいて、本当に必要なときに無意識にそこから取りだして使うものです。

こういったことは、日々の仕事に情熱を傾け、自分の頭で考え続けるということからしか身につかないのです。

63

答えを与えすぎると、人は考える能力を失う

私は小学生の息子を朝、バス停まで送っていくのが日課です。平日はとくに多忙なため、この5分間が息子とのコミュニケーションの大事な時間であり、教育の場でもあります。息子は玄関を出ると、リュックを私に「持って」と手渡します。そのとき私は、「目上の人に対するものの言い方じゃないだろう」と言います。すると彼は、わざと「持てっ！」とおどけて返してきます。そこで私は、「じゃあいちばん丁寧な言い方だとどうなるのかな？」と聞くと、憮然としながらも「持ってください」と言い直す。「もっと丁寧な言い方は？」とさらに突っ込むと、さすがに低学年ではわかりません。しばらく考える彼に、ようやく私は答えを言います。「持っていただけますか？　とか、あるでしょ」。そうやって、彼は言葉の選択肢を増やしていきます。

これが、「持ってくださいと言いなさい」と頭ごなしに言ったらどうでしょうか？　たんに言われたからやるだけの人になってしまいます。敷かれたレールの上をひた走り、与えられたことばかりを学んでいると、そういうことになる。

教えれば教えるほど、そして逆から見れば、教わろうとすればするほど、人は頭を使わなくなり、学ぶチャンスを逸するのです。

64

何かを吸収しようという姿勢を
常に保っていれば、
どんな経験も有意義になってくる

私は学生時代さまざまなアルバイトをしていました。旅館の番頭、布団の打ち直し、病院の受付、ダンプカーの運転手もやっていたことがあります。

そして、大学卒業後、私はエンジニアとして身を立てていこうと考えていたのですが、その後、営業畑を歩き、マーケティングや財務など、さまざまな仕事を経験しました。

正直なところ、望んで就いた職種ではないものもありますし、若いころは自分が経営者になるなど、夢にも思っていなかったのですが、そのどれもが現在の仕事に役立っています。

何か明確な目的がある人は、それに近い仕事に就いたり、アルバイトをすれば役に立つこともあると思います。しかし、明確な目標がまだ見つかっていないという人も、「この経験から何か吸収してやろう！」と考えれば、現在の仕事から将来役に立つ経験を得ることはいくらでもできます。

同じ仕事をしていても、「こんな仕事をするために会社に入ったのではない」と思いながら仕事をする場合と、何かを吸収するという目的を持って臨んだ場合とでは、得られるものがまったく違ってくるのです。

65

お金をどう節約するかを工夫するより、成長のためにどうお金を使うかを考えよ

自己投資。

最近、若い人を中心に自己成長のためにお金を使う人が増えているという話を聞きました。

とてもいいことだと思います。

私は20代のころ、ドラムとスポーツには相当投資しました。

たとえばドラムは、プロ用のものを買いました。アマチュア向けのものだと、だれが叩いても同じ音が出ますが、プロ用のものは、本当に上達しないといい音が出ません。チューニングも難しく、新たに技術を身につける必要があります。

もちろん値段も高い。

このように自分に課題を与え、プレッシャーをかけることが自己成長につながると思っているからです。

自分に刺激を与えるためにお金を使っていると言い換えてもいいかもしれません。もちろん自分のできる範囲で自己投資すべきですが、多少お金がかかっても本当に自分にとって必要な投資なら、それは贅沢とは言えないのではないでしょうか。

“

現状に満足していたら、現状維持すら難しくなる

人生の目標というのは、高く掲げなければ意味がありません。常に上を目指す姿勢が人を成長させるのです。

達成可能な低い目標を立てても、それを達成した瞬間に仕事や人生が急に色あせてしまいます。

明確なゴールを設定せずに、「まだまだ上がある」と常に向上心を持っているからこそモチベーションを保つことができるのです。

ただ、その高い目標に向かう途中に小さなゴールを設定することは有効です。たとえば、世界一の営業マンになるという目標を持っているとしたら、「まず、いまいる会社でトップセールスになる」「毎月ひとり、自分より売り上げている人のところに話を聞きにいく」「外国でも問題なく交渉できるよう英語をマスターする」といった具体的な目標を立てて自分を成長させるということです。

「そんな大きな目標を描けない」という人も大丈夫です。目の前のことに対し一生懸命取り組み、さまざまな経験を積んで成長していけば、きっとその過程で究極の目標と出合えることでしょう。

67

成長とは階段を上るのではなく、
積み木を積み上げていくようなもの。
成長するにしたがって
基礎をどんどん強くすることが必要だ

みなさんも子どものころ、積み木で遊んだことがあると思います。積み木をどんどん積み上げていくと、ある高さまできたときに崩れてしまいますが、土台がしっかりしていれば、より高く積み上げることができます。

人の成長もこれとよく似ています。

次のステップに上がる場合は、一度基礎の部分に降りて、さらに大きな土台をつくる必要があるのです。

これは仕事だけではありません。私もドラムで新しい技術を習得しようとするときは、基礎練習を繰り返します。基礎ができていないのに、より高度なテクニックを習得できるはずがないのです。

ビジネスで言えば、成長すればするほど基礎的な能力が必要になってきます。これに関しては絶対にごまかしは通用しません。

しかし、人間はそういったあたり前のことがなかなかできないし、やりたがらないのです。

ですから、向上心を持つと同時に、意識的に基礎能力を磨き続けることが大切なのです。

68

簡単にできることばかりしていても、
自分を成長させることはできない。
「できない」と尻込みするよりも
「できる」と信じてやり遂げる

私はよく社員に対して「できない理由を言うな」と言っています。

どんなに難しい課題でもやればできるということを経験として知っているからです。

みなさんも一度くらいは上司から無理難題を押しつけられて「ムリです！」と言ったことがあると思います。

私自身も若いころは、スケジュールやコストのことで上司と議論したことが何度もあります。しかし、上司に何を言おうと時間もコストも余計に与えてくれることはありませんでした。

どんなに難しい課題でも、本気で取り組めば解決できるもの。

私はさまざまな経験から、これらのことを学びました。当時の上司には心から感謝しています。

できないと尻込みするよりも、できると信じてやり遂げる。

この姿勢があなたのビジネススキルを磨くのです。

69

成長のためならたとえいばらの道でもリスクをとる。
その勇気が自分を次のステージへと引き上げる

私は毎朝、ランニングをしながら生島ヒロシさんの「おはよう一直線」というラジオ番組を聴くことにしています。生島さんは友人であり、私がリスナーのひとりであることを知っていますから、ときどきラジオの生放送中、私にメッセージを送ってきます。

ある日、いつものように走っていると、「私の知り合いに毎朝ストイックに走っている人がいまして」と、生島さんがゲストの著名な心臓外科医に質問しているのが聞こえてきました。するとその心臓外科医は「負荷があり過ぎると身体によくない」と答えたのです。それを聞いた生島さんはすかさず「原田さん、気をつけてくださいね」と声を掛けてきました。

私はすぐメールを打ちました。「今日のお話は、自分の身体を守ろうとする人へのアドバイスですよね。私は〝守る〟のではなく、まだ成長しようと思っていますから、リスクをともなってもしかたありません」。

限度はありますが、どんな分野でも、成長しようと思ったら負荷をかけ、それによってリスクが生じても仕方ありません。

成長のためなら、「リスクは進んでとれ」です。

70

人のアドバイスは大事。
でも情報が多すぎると、
何を優先すべきかわからなくなる

引き続き、生島ヒロシさんの話です。

彼は朝のラジオ番組で、その道の専門家を呼んで健康に関するアドバイスをリスナーに届けています。では、彼がすこぶる健康かというと、けっしてそうではありません。体重が増えた。ぎっくり腰になった。こんなことをしょっちゅう言っています。

私は失礼ながら、生島さんに冗談を言うことがあります。「毎日、直にいろんなゲストからいろんな健康のアドバイスを受けすぎて、何をやっていいかわからなくなっているんじゃないですか」と。

私自身は、一貫してランニングをずっと続けています。あれこれやるより、ひとつのことをやり抜いたほうが効果が大きいと、経験上確信しているからです。

人からのアドバイスは重要です。いまどきは、人からアドバイスを受けなくても、インターネットやノウハウ本で情報が溢れています。だからこそ、迷う。しかし、それをいちいち真に受けても仕方がない。それよりも「これをやる」と決め、継続するほうが、何ごとにおいても効果的なのは間違いありません。

71

MBAを持っている人よりも、屋台のラーメン屋さんから学べることのほうが大きい

私は、よく若い人からMBAを取得すべきかどうか、という相談を受けます。

しかし、現場を知らずにそのような勉強をしても、頭でっかちになるだけでビジネスの現場で役に立てることはできません。MBAでの学びは素晴らしいと思いますが、MBAを持っていなくても、同じ理論を現場で体得している人たちがいることはたしかです。

そのいい例が屋台のラーメン屋のオヤジさんです。売上のいい屋台のオヤジさんは、どこで商売をすれば集客が見込めるか、どのくらいの麺を仕入れればいいのか、広告手段のないなか、どうやって口コミでお店を知ってもらうかなど、商売の基本を身体で覚えています。

現場を知らないけれどMBAを持っている若者が、現場を知りつくしているラーメン屋のオヤジさんにビジネスで勝負を挑んでも、勝ち目はないのです。

もし、MBA留学をしたいのであれば、現場を知ってからいくことをおすすめします。学んだことをより仕事に生かせるようになり、実りの多いものになると思います。

72

ＭＢＡをとるなら、
企業できちんと経験を積んでから。
そうでなければ本当の果実は得られない

大学卒業直後のタイミングや企業派遣でMBAをとりにいく人のなかには、ディスカッションの場面でも発言できず、じっと黙って座って聴いている人も少なくありません。英語ができないのか、と思うとそうでもないのです。どうやら、本当に学ぼうという意欲が低いのだと思います。

前項でも触れましたが、私はMBAこそ、大学からそのまま、あるいは企業で経験の浅いうちにいってても意味がないと思っています。

企業に入って10年くらい仕事に真摯に取り組むと、自分なりに専門性を持てるようになります。しかし、経験の積み重ねだけではどうにもならない段階がやってきます。そういうときにMBAのような場に出るべきです。他国の「猛者」と切磋琢磨し、刺激を受けると、それが新しい発想を生みだすきっかけになり、会社や自らの次のキャリアにもたらす「果実」を得ることができるのです。

そして、同時に自らの経験を振り返る内省の場にもなり得ます。それまで10年間、常識だと思っていたことでも、そうではないことがたくさんあります。そういう必要のないことをアンラーン（学習棄却）し、新たな学びのループに入る準備の場にすべきでしょう。

73

与えられたことをただ受けとるのか、
そこから刺激を得て自身の血肉に変えるのか。
「学ぶ姿勢」で人の能力は左右される

私は以前アメリカのハーバード・ビジネススクールでシニアマネジメントを対象にした研修プログラム（ＡＭＰ）を受講したことがあります。しかし、教室で直接何かを学んだとは思っていません。

ただ、まわりの外国人と議論を交わし、そこで出たアイデアに刺激を受けたことは本当に勉強になりました。つまり、そこで得た知識ではなく、さまざまなことについて、さまざまな人たちと「考えたこと」が最大の収穫だったということです。

私の言う「学び」とは、机上の学問ではありません。知識というのは、考えるという行為をサポートしてくれるものでしかないからです。

最近では、若いうちにＭＢＡをとりにいく人も多くなっています。すべてとは言いませんが、なかには修了証書をもらうための受験勉強感覚で臨む人も少なからずいます。

前述しましたが、学びを得るには、自分で体験したことから新たなことを発見し、それをどう生かすか、自分の頭で考えることが大切です。

人は、それによってしか成長できないと言っても過言ではないでしょう。

74

せっかくグローバルな環境に出ているのに、日本人同士で固まっているのはナンセンス

ハーバード・ビジネススクールのAMPは、とても過酷なプログラムです。世界から管理職以上の次世代リーダーが集まり、切磋琢磨する場であり、英語による速読を学んでいた私ですら、1日3時間しか睡眠がとれないほど、毎日多くの課題をこなさなければなりませんでした。すると、どうしても日本語が話したくなる。気心知れた日本人と会話したくなる。心情的にわからないでもありませんが、だからといってせっかくグローバルな環境に身を置いているのに、日本人だけで食事にいくことは、機会損失以外の何ものでもありません。

せっかくならば世界中の人たちと会話し、世界中の人のものの考え方に触れよう。そう思った私は、毎晩異なる国の人と食事にいきました。

日本企業のグローバル展開が急速に進み、英語も国際経験もそこそこであるにもかかわらず、海外赴任を命じられる人も増えています。そのため、各国の「日本人村」は盛況です。しかしそれではいつまで経っても現地、そこで働く他国の情報、ネットワークは得られません。国内にいても同じです。

内なるグローバル化がますます進むいま、自らを鍛えようと思えば、多様な国籍の人が集まるグローバルな環境に一歩踏みだすことが重要です。

75

日本の文化を知らずにグローバルプレイヤーになれるとは考えないほうがいい

グローバルということが言われて久しいですが、英語ができればグローバル人材になれるという考えは短絡的です。

たとえば日本人とアメリカ人は、思考法がまったく違います。日本人は背景説明をして最後に結論を話しますが、アメリカ人はまず結論から。背景説明はそのあとです。

思考だけではなく当然文化も違います。

英語が話せても、頭のなかで日本語を英語に訳しながら伝えると、どうしても日本人の考え方が抜けません。もちろん逆も同じです。

「グローバル感覚のある人というのは、そういった「違い」を身体に叩き込んで相手と同じ思考回路で考えることができる人です。相手が英語圏の人であれば、もちろん英語で考え英語で話します。

ですから、日本にいるときと、海外にいるときとでは言動も変える必要があります。

アメリカでは上司に“Have a nice weekend !”とメールを送っても問題ありませんが、日本で上司に「よい週末を！」と言えば常識を疑われます。

以前、アメリカ人に「日本人ほどわかりづらいやつはいない」と言われたことがあります。

日本の文化というのは、世界的に見ると我々が思っている以上に独自性が強い。それも知らずに、海外の文化を知ることはできないのです。

世界で通用する人間になるのなら小手先の語学だけではなく、思考や文化の違いも学ぶべき。

その違いを知るためにはまず、日本の文化を深く理解する必要があるのです。

挑戦と失敗

Chosen-to-Shippai

76

「掟破り」とは、
いままでのルールを破ることではなく、
全部「捨てる」ということ

2013年夏、「掟破り」という社内スローガンを掲げ、アイコンとしてサッカー日本代表の本田圭佑さんを起用して、一大キャンペーンを実施しました。

そもそも「掟破り」とはどういうことでしょうか。私は社員たちに言いました。「いままでのルールを破れ、ということではない。経験値も常識も全部捨てろ、ということだ」と。

キャンペーンでやったことのひとつは、クォーターパウンダーのBLTとハバネロトマトという新商品の販売です。マクドナルドには「ゴールドスタンダード」という考え方があって、世界共通メニューであるクォーターパウンダーのレシピは絶対に変えてはいけないというのが常識でした。まずはこれを破りました。

さらに、最高価格の1000円ハンバーガーを1日限定で販売したのです。ファストフードはマス向けのコンシューマービジネスですから、あり得ないマーケティングです。しかし、それで会社は活力を取り戻しました。

その理由はかんたん。「いままでのルールを破る」と言うと、結局はルールを裏返しにする程度の発想に限定されてしまいます。ところが「常識も全部捨てていい」と言った瞬間に、とても発想が自由になったのです。

77

「人間、できないことはない」と信じてやることがもっとも大事

「ほとんどの失敗は失敗ではなく、成功に向かうためのプロセスである」

私はこう考えています。

どんなことにもゴールは必ずあります。うまくいかないことがあれば、まわり道をするのか、もう1回貫くのか、目的地に向かうためのルートを再確認して一歩踏みだすことが大切です。

しかし、ただやり続けるというだけでは挫折してしまいます。

人間は機械のように、電源さえあれば動き続けられる、というわけではありません。そこにはやはり「絶対にできる」という自信が必要なのです。

私は高校生のときにドラムをはじめましたが、最初のうちはどんなに練習しても、まったくうまくなりませんでした。それでも続けていると、ある日突然できるようになりました。

物事というのは徐々に進歩するわけではありません。ある日突然、フッと違う世界に足を踏み入れることができるのです。

停滞しているように見えても、実は進歩している。そう思えば挑戦し続けることができるのではないでしょうか。

78

常識にとらわれて、
「できない」と考えられることを
「できない」まま終わらせていては、
競争に勝つことはできない

創造的な商品やサービスでイノベーションを起こすには世間の常識にとらわれない、柔軟な発想が必要です。これはよく言われていることなので、「そんなこと、言われなくてもわかっている」という読者が大半でしょう。

しかし、本当に常識にとらわれずに「掟破り」の挑戦を続けている人はどれくらいいらっしゃるでしょうか。常識にとらわれないということは案外むずかしいことなのです。

アップル時代、携帯音楽プレーヤーのiPodを発売しようとしていたとき、「1万曲を持ち歩く必要はない。いままでのMDプレーヤーで十分だ」とよく言われたものです。しかし、蓋を開けてみると大ヒットしました。

マクドナルドにきて、できたての商品を提供する「メイド・フォー・ユー」というキッチンシステムの導入を推し進めたときもそうです。

社員のほとんどが「そのスケジュールではムリです！」と反対しましたが、結果的に計画どおり全店に導入することができました。ここで私が「そうか、やはりムリなのか」と引き下がっていたら、いまのマクドナルドはなかったかもしれません。

79

失敗に対峙したときは、
問題点を列挙するのではなく、
これまでの成功を糧にする

失敗をしてしまったとき、どのようにその問題を解決するか。こういうことに直面したとき、その人のビジネスパーソンとしての力量が試されます。

「価格設定を間違えた」「お客様の求めるものを機能として盛り込めなかった」などと、問題点を列挙する人も多いと思いますが、私はそれでは成功しないと思っています。

では、どうすればいいのか。

それは、まずお客様はその商品なりサービスのどこを評価してくれていたのか、ということを考えるのです。

たしかに、問題点を挙げてそれをひとつずつ潰していけば、その問題は解決できるかもしれません。しかし、それだけでは競合している相手と横並びになるだけ。それよりも、競争相手が絶対追いつけない「強み」を探して、それを極限まで伸ばすということが成功につながるのです。

このことを理解せずに、目の前の問題に取り組んでいるだけでは、いいサービスや商品はけっして生まれないのです。

80

理詰めでモノを考えたときほど失敗しやすい。
お客様は理屈でモノを買ったりしないから

新しいプロジェクトに挑戦したり、新商品を発売したりするときは、当然失敗しないよう細心の注意を払うことと思います。

つまり、徹底的にリサーチしてから実行に移すということです。

私はこの考え方に反対です。「失敗」という観点から考えると、このやり方は、まったくリスクヘッジになっていません。なぜなら、お客様は会社側の理屈を考えながら買い物をしていないからです。

会社にこもって数字だけを見ながらあれこれ議論してもいいプロジェクトや商品は生まれません。

それよりも、現場や街に足を運んで「商売のにおい」を嗅ぐことのほうが、よほどお客様に求められる成果物を生みだすことができます。

失敗を恐れて意味のないリサーチを繰り返すより、仮説に基づいてとにかく一度実行してみる。もし失敗したら、成功するためのヒントを得たと考え、よりよい仮説を立て、また実行すればいいのです。

このような取り組み方をしていれば、仮説の精度が上がり、結果的に失敗も減ってくるはずです。

アイデア

Idea

81

どんなことでも熱意を持ってとことんやっていると
ひらめきが出てくるし、糸口も見えてくる

大きな問題にぶつかっていて、その解決策が思いつかない。仕事をしていると、このようなこともあると思います。

しかし、どんな問題でも、必死で取り組めば必ず解決の糸口は見つかります。つまり、「アイデアが出ない」ということは、その問題に対して本気で取り組んでいないということなのです。

私自身も、脇にメモ帳を置いて絵や図を描きながら、同じ問題について何日も考え続けることがあります。途中でくじけそうになることもありますが、「ここまで考えたのだから、あともう少しで解決策が思いつくかもしれない。ここであきらめたらもったいない！」と、とことん考えるようにしています。

本当にいいアイデアというのは10個にひとつくらいしか出てきません。ですから「とことん考え抜く！」という熱意が必要なのです。

また、歳を重ねると頭が固くなるとよく言われますが、新しい発想を求める熱意を失わなければ、たとえ何歳になってもひらめきや斬新なアイデアを生みだすことは可能です。あきらめずに限界まで考える。これが行き詰まりを打破する唯一の方法なのです。

82

走っていると頭のなかで考えがまとまるし、
冷静になってひとりで考える時間になる

59歳のとき、健康管理のためにはじめたランニングですが、実際にやってみると仕事にもいい影響があることがわかりました。

走っていると、いろいろなことを考えます。そしてバラバラだった思考がひとつにまとまるのです。

また、会社にいるとさまざまなことに追われて、なかなか思考が回転しないのですが、走っているときはひとりだけの世界ですから頭が冴えます。

いいアイデアを思いつくことも多いのです。アイデアを思いついたらすぐ家に戻って幹部にメールを送ることもよくあります。

このように、創造性を養うためには仕事を離れたオフサイトに入ることがおすすめです。ランニングでなくても、毎朝散歩をする、水泳をするなど、仕事の現場から離れる機会を持つようにしましょう。

仕事のことを考えるためにオフサイトに入る必要はありません。オフサイトに入ると、ふとした瞬間にひらめきが生まれるのです。

83

会社を飛びだし、リアルな街を歩くことで、新しい価値観、アイデアが生まれてくる

「走る」ことについてお話ししましたが、私は毎朝のランニング中にマクドナルドの店舗に立ち寄ることがあります。

ひとりのユーザーとして実際に食事をし、まわりのお客様がどのような表情でマクドナルドの商品を召し上がっているのかを見ていると、新たなアイデアが生まれることがあるのです。

また、私はできるだけ街を歩こうと意識しています。

ひと昔前以上に、現在は変化の激しい時代です。少し時間が経つだけで街の様相はがらりと変わってしまいます。それを観察すると、人々が何を求めているのかが見えてくるのです。

近年、インターネットの発達により、家や会社に居ながらさまざまな情報にアクセスできるようになりました。オフィスにこもって情報を収集し、考えるというように、会社内で仕事を完結している人も多いと思います。

しかし、実際に街を歩いてリアルな「におい」を身体で感じないと、情報を仕事に生かすことはできませんし、いいアイデアは生まれないのです。

84

アイデアを思いつくのは、突然のことが多い。
しかし、それまでにとことん考えていないと
絶対にひらめきは出てこない

ここまでお伝えしたとおり、アイデアというのは、ふとした瞬間に訪れるものです。

私自身も、ランニング中だけではなく、お風呂に入っているときやベランダに出て涼んでいるときなどによくアイデアを思いつきます。

ただし、これは「ただ待っていれば天から降ってくる」ということではありません。かりにそのようなひらめきがあったとしても、場当たり的な発想でしかありません。実際に行動に移すとどこかで矛盾が出たりして、うまくいかないものです。

私の言う、ふとした瞬間のひらめきとは、継続的に考え続けた結果が頭を休めたときにまとまるということです。

考え続けていると頭のなかが迷路のように混乱します。一見、思考がぐちゃぐちゃになっているだけで、まったく前に進んでいないように感じますが、その段階を経ずにいいアイデアは生まれてきません。

限界まで考え続けて、疲れきったら休憩する。そのサイクルが新たなひらめきを生むのです。

85

子ども時代にネットやゲームがなくてよかった。
それによって「想像力」が鍛えられたから

いまは読む時間があまりありませんが、子どものころは本ばかり読んでいました。父はおこづかいはくれないのですが、本代であればいくらでも出してくれました。毎日のように本屋に走って、伝記や図鑑、小説……ありとあらゆる分野の本に夢中になりました。

現在のように、ゲームやテレビ、インターネットの豊富なコンテンツなど、視覚に訴えるものがたくさんあったら、私はこのように本に夢中にならなかったかもしれません。そして、それは感謝すべきだと強く感じています。その理由は、間違いなく想像力を鍛えられたから。

たとえば、三島由紀夫の『潮騒』。いまでも、当時、イメージした海女小屋の情景がありありと浮かんできます。それは本を読むことが、「言葉」によって頭のなかで映像を結ぶ訓練となったからです。

そしてそれは、言葉ひとつで情景を語る能力につながったと思います。

社員がまだ見ぬキャンペーンの内容をイメージさせたり、効果をありありと思い浮かばせることに、とても役立っています。

86

人を動かす言葉や表現のパワーは、研修ではなく、毎日の生活のなかから学ぶ

ゴルフをはじめたばかりのころの話です。どんなクラブを買おうか迷い、ショップにいって話を聞きました。すると、「ビギナー向けにいい」と、あるメーカーのクラブをすすめられたのです。結局、その日は決断できず、カタログをもらって帰りました。

帰宅して、ショップですすめられたクラブのページを見ると、「未熟者には罰を制す」とあります。このクラブを使いこなせれば、私はうまくなれるのだ、と。そのキャッチコピーが、刺激となって私を貫きました。

同様に、トライアスロンで使っている、あるイタリア製の自転車のキャッチコピーは、「自転車がライダーにもっと求めてくる」。たしかに、乗り心地がガチンと固い。もっと激しく、もっと速く、と急きたてられるようです。

こうした言葉のパワーを日常のなかから学び、それが情熱となって、私の場合にはマーケティングプランやインナーコミュニケーションに生かされているのだと思います。

生活の何げない場面で気づきを得られる。これが、「学ぶ力」。それは、アンテナを注意深く張り巡らせることで、だれもが得られる能力なのです。

時間

Jikan

87

仕事は時間ではない。質とスピードである

私は、アップルでもマクドナルドでも残業ゼロを実現してきました。
それでわかったことなのですが、徹底的にムダをなくし、仕事のスピードを上げ、密度を濃くすれば、長時間仕事をしていたときより、仕事の質は上がるのです。そして、それが可能であるということも。

よく、長時間残業していることを自慢している人がいます。自分はどれだけ仕事をしているのか周囲の人たちにわかってもらいたいのでしょう。

しかし、長時間会社にいることで結果が出るようになるわけではありませんし、会社に貢献していることにもなりません。

「ワーク・ライフ・バランス」という言葉が生まれて久しいですが、日本人のなかにはいまだに、定時で帰ることに対する後ろめたさがあるのではないでしょうか。

「上司が毎日残業しているから」「同僚の目が気になって帰れない」という人は、いますぐそのような気遣いを捨てましょう。

そのような気遣いより、よりはやく、質の高い仕事をすることのほうがよほど大切なのです。

88

仕事というのは足し算ではない。
A×B×Cの掛け算。
AがよくてもBがゼロなら結果はゼロである

効率よく短時間で仕事をするうえで「目的を持つ」ということは大切です。あたり前のことに思えますが、なんのために行うのかわからずに仕事をしている人は意外に多いものです。

仕事はよほど職人的なスペシャリストでないかぎりチームで行います。効率よく仕事を進めることができる人は、責任者でなくてもだれがどんな役割を担っていて、進行状況をいつ確認すべきなのかということを、最初の段階でしっかり認識しています。

逆に非効率な人は仕事の目的や一人ひとりの役割、全体のスケジュールを把握せず、目の前にある作業をただこなすだけです。

仕事というのは、チームの構成員が各々の作業を積み上げていくだけの足し算ではありません。それぞれの仕事が関係しあって完成する、A×B×Cの掛け算なのです。AがよくてもBがダメならよい結果は得られません。

目的の確認と共有化、さらに最初の段階で役割分担を明確にできる能力は組織のなかで仕事をしていくうえで必須のスキルなのです。

89

「スピード感」は
仕事をたくさんこなすためのものではなく、
プライベートの時間をしっかり確保するためのもの。
それが結果的に、ビジネスにフィードバックされる

私が、仕事にスピードを求めるのは、社員により多くの仕事をさせるためではありません。

プライベートの時間を充実させてほしいからです。

18時に帰れば、会社では体験できないさまざまな世界に触れることができます。そして何より、オンとオフの切り替えをしっかり行わないと、人生は充実しません。

私自身も、毎日18時に会社を出て、残りの時間を家族との時間やスポーツの時間に充てたりもしています。

もちろん社員に対しても残業を禁止しています。

プライベートが充実すると発想の幅がひろがり、いままで思いつかなかったアイデアが生まれるなど、仕事にもいい影響が出ます。

そして仕事に集中できるようになるのです。するとさらに残業が減り、よりプライベートの時間を多くつくれるようになる。

このような好循環に入っていくことができれば、人生がより実り多きものになるのです。

90

プライベートの時間を確保するには、
自分のやりたいことを第一優先にして
スケジュールに組み込み、
仕事はその合間に入れるという感覚で計画を立てる

ここまで、プライベートを充実させることの大切さについてお伝えしてきました。

「そうは言っても、忙しすぎて遊んでいる暇なんてないよ」という読者もいることでしょう。

しかし、本当にそうでしょうか。

私もみなさんに負けず劣らず忙しい日々を送っています。そのような状態でプライベートの時間を捻出するためには工夫が必要です。

その工夫とは「あらかじめプライベートの時間をブロックする」ということです。たとえば、毎週水曜日の夜はトレーニングジムに通う、金曜日の夜は学生時代の友人と会う、週末はずっとやってみたかった登山にチャレンジするというように、事前にやりたいことを決め、手帳に斜線を引いてしまうのです。こうするだけで仕事に対する集中力が驚くほど上がります。

このように、かぎられた時間のなかで、集中して成果を上げることができるかできないかということは、ビジネスパーソンとしての優劣を分けるポイントでもあるのです。

91

夜の2時間と朝の2時間というのは価値がまったく違う

これまでの人生のなかで後悔したことはなんですか?

こう聞かれたら、私はこう答えます。

「もっとはやく朝型の生活をしていればよかった」

朝と夜とでは、時間あたりの価値がまったく違うのです。

たとえば情報収集。テレビでもラジオでも朝と夜とでは情報の凝縮度がぜんぜん違います。朝のほうがより効率的に情報を得ることができるのです。

私は毎朝4時に起きています。起きてすぐの運動は危険なので、ランニング前の1時間でメールをチェックし、必要な指示を出します。すると、私が出社するころには、すでに秘書が動きだしてくれています。ですから、出社とともに仕事を開始することができるのです。

また、朝型の生活をはじめてから、朝の追われるようなプレッシャーから解放されて、精神的にもゆとりをもって生活できるようになりました。

私ははやいときには21時、遅くても23時には寝ています。

はじめたばかりのころは、朝起きるのがつらくて仕方なかったのですが、半年くらい続けると、目覚ましなしでも自然に起きられるようになりました。

92

机の上のきれいさと、仕事のスピードは比例する

私は、整理整頓は仕事の基本だと思っています。

デスクの上にさまざまな資料が山のように積まれている人は、仕事が遅いように感じます。

逆に、机の上にほとんどモノがなく、すっきりしている人は仕事もはやい。

このような人は、物理的な整理整頓はもちろん、思考の整理や情報の整理にも長けています。ですから、数あるタスクに優先順位をつけたり、必要な資料と、一度確認すればいいだけの資料を仕分けたりすることも瞬時にできますので、仕事がはやく終わるのです。

情報は紙であれメールであれ、ため込めばため込むほど検索性が悪くなります。必要のない資料や情報はすぐ捨てる習慣を身につけましょう。

また、仕事の優先順位づけをしっかりとすることも大切。目の前の仕事をとにかく片づけるのではなく、ほかの仕事をしていても3分以内で終わるタスクがくればすぐにやる、緊急度の低い仕事は、時間のあるときにまとめて片づけるなど工夫の余地はいくらでもあります。

これを習慣化できれば、机の上も自然ときれいになっていくはずです。

93

残業が多い人は、「仕事」が「時間を消費する行動」になっている

常に「忙しい」と言いながら残業している人は、仕事ができないことが多いようです。

もちろん本当に忙しくて仕事が深夜まで及ぶこともあるでしょう。しかし、毎日というわけではないはずです。

仕事というのは、与えられた作業をこなすのではなく、与えられた時間のなかで与えられた目標を達成することだと私は考えています。

常に忙しい人はこのことが理解できていないのです。

毎日深夜まで働いている人は一度、自分の仕事を棚卸しして、しくみやプロセスを見直すべきです。そのときは、「仕事」と「作業」に分けて考えます。

「作業」が多いときはムダなプロセスを洗いだし、極限まで効率化します。それでも時間が足りない場合には、人を増やすことを提案すべきでしょう。

作業が多いということは物理的に労働力が足りないということだからです。

逆に「仕事」が多い場合は、ひとりあたりの効率を上げる努力をしましょう。場合によっては人を減らすことも得策です。

「仕事」はアイデアを検討しながら物事を前に進める「企画型」です。ですから人数を減らせば、意思決定をはやくすることができます。

3人で議論するより、2人で議論したほうが、結論が出るまでの時間を短くすることができるということです。

このように、残業が減らない原因にもさまざまな要因がありますが、それがなんであれ、しっかりとした対策を打てば、残業をゼロにすることは可能です。

自分や組織の仕事を分解して考える。

それが定時で帰るためのヒントになるのです。

逆境と継続

Gyakkyo-to-Keizoku

94

終わりのないことをとことんやる。
これが持久力を鍛える。
単純作業をばかにするな

私は長男で、小学校を卒業するまでは父にかなり甘やかされて育ちました。幼少期に病気がちだったせいもあると思います。

そして中学生になったとき、ある日父が突然、「トラックに乗れ」と言いました。連れていかれた先は、山のなかです。「このトラックに石がいっぱいになるまで積め」と言い捨てて、父は帰ってしまいました。おそらく中学校に入って、毎日野球と水泳に明け暮れ、遊びまわっている私を見て、「このままではいけない」と危機感を持ったのでしょう。

石をどんなに積んでも、そうかんたんにトラックはいっぱいになりません。本当につらかったのです。その翌日、父が「今日もトラックに乗るか」と聞くので、「いや、勉強させてください」と心から言いました。

父は養鶏場を営んでいたこともあって、その後もときどき、おがくずをトラックいっぱいになるまで積む作業を手伝わされました。石のときもそうでしたが、スプーンで水をすくって、風呂桶をいっぱいにするような作業です。

こういう終わりの見えない単純作業を延々とやる。この経験が、大変な仕事でもあきらめずに続ける「持久力」につながっているのだと思います。

95

業績が悪くても、仕事が大変なときでも
趣味はやめない。
何ごとも継続しないと、
ストンと力が落ちてしまうから

これまで、さまざまな趣味に挑戦してきました。そして、基本的に一度はじめたらやめない。これは私のこだわりのようなものかもしれません。

たとえば、マラソン。そのために毎日、欠かさずランニングをしてきました。雨の日も、風の日も。トライアスロンをはじめてからは、ランニングはもちろん、水泳や筋トレも日課に加わります。これをこなすだけで、かなりハードな生活になります。

多くの人は、仕事が忙しくなればなるほど、趣味はいったん中断しよう、ということになるのかもしれません。出張、残業、トラブルともなれば、休みたくなるでしょう。

しかし、ほんの少し中断しただけでも、人の技術や能力は必ず落ちます。1週間ランニングを休むと、元の体に戻すまで、驚くほど時間がかかります。だから私はやめないのです。

そして、どんなに大変なときでも、うまく時間をやりくりしてそれを乗り越えると、生産性も上がり、スケジュール管理がうまくなるなど、一歩成長した自分に出合えます。これもひとつの成長のコツなのです。

96

休む理由をひとつ見つけると、
ほかの理由も次々と見つかる。
言い訳探しがうまくなって、　結果やめてしまう

前項で「忙しいからランニングを1日休もう」と中断すると、とたんに能力が落ちてしまうと書きました。

しかし、悪影響はこれだけではありません。一度休むと、ほかにも休む理由を探すようになり、歯止めがきかなくなるのです。

昨夜残業で疲れたから。足がちょっと痛むから。明日30分はやく出社しなければならないから……。気がつくと、走る日より休む日のほうが多くなります。そしていつの間にかやめてしまうのです。

このように何かを休むクセをつけると、たとえそれが本来はあきらめてはいけない仕事であっても、自らに対する言い訳を探すようになります。

こんな不景気だから仕方がない。マンパワーが足りないからできない。社長の戦略が悪い……。

100%の環境が用意されていることのほうが稀ですし、不都合や不具合はつきものです。

どんな環境でもあきらめず、乗り越えようと努力してこそ、そこに成長があるのです。

97

たとえ、ケガをしたときでも休まない

言い訳を探して、何かを中断したり、やめたりしてはダメ、と書きました。私はランニングを、ケガしたときですら休みません。

私の経験をお話ししましょう。ランニングをはじめたころ、身の丈がわからないのでケガの連続でした。ケガをして、それを乗り越えていくなかで、「ここまでなら大丈夫」という限界がわかりはじめます。しかし、ケガが治ると、また勘違いして一気に走りたくなり、またケガをする……。この繰り返しで、身の丈がだんだん高くなっていくのです。

このように、ケガもなく、筋肉痛もなく成長することはあり得ません。腸脛靭帯炎（ちょうけいじんたいえん）になり、右足がほとんど動かなかったときでさえ、つらくても足を動かし続けました。

これは、仕事でも同じ。ケガ、つまり失敗をしたらどうするか。休むのではなく、そのときできることを探してやるのです。

情けないかもしれない。激痛が走るかもしれない。それでも失敗を放置せず、自分の身体と周囲の状態をきちんと見て、いますべきことを考え、実行する。すると、その先には成長があるのです。

98

苦しさは逃げるものではなく、楽しむもの

人生には苦しいこと、大変なことが必ずあります。経営に危機がつきもののように。そのとき自分自身に言い聞かせるのは、これによって私は成長させてもらっているのだ、ということです。そこで逃避したら、何も残りませんから。

苦しさは逃げるものではなく、楽しむものなのです。

学生時代、バイクで集金のアルバイトをしていました。真冬にみぞれの降りしきるなか、走ったりすればまぶたが凍るほどつらい。ふつうなら、やめたいと思うのかもしれません。ところが私は、「これが終わったら温かい風呂に入るんだ」と、湯につかった自分をイメージして、とことんその寒さを楽しみ、体に染み込ませようとしたのです。

こうした極限状態と、それを乗り越える経験を、若い人も、もちろん私の子どもも経験したほうがいいと思います。ありがたいことに、そして同時に残念なことに、いまの世の中、そのような極限状態を経験する場は、あまりありません。

そう考えると、やはりスポーツがいいのかもしれません。それが確実に、生きる力、生きる喜びにつながっていくように思います。

人間関係

Ningen-Kankei

99

自分のことを注意してくれる人をつくるために、いろんな人とつき合ったほうがいい

学ぶときには、うるさいコーチ、つまりうるさい上司が必要だと書きました。しかし、注意してくれる上司、あるいは信頼できる上司がいない場合は、どうしたらいいでしょうか。

やはり、単純に自分のまわりに人を増やしていくことしかありません。いろいろな場に出ていって、さまざまな人と交流し、腹を割って話してくれる人をつくるのです。コーチは、必ずしも社内で探す必要はありません。どんどん、外に出ていって探したほうがいいでしょう。

私は趣味のドラムを通じて多くのミュージシャンとおつき合いがあります。あるとき、そのひとりから「原田さん、演奏中はそんな怖い顔しないでよ。仕事じゃないんだからさ」と言われたことがあります。

私は心底、びっくりしました。どうやら、私は真剣になると怖い顔になるようです。すると、仕事中もかなり怖い顔をしている可能性がある、と気づくわけです。

歳を重ねると、正直に言ってくれる人が減っていきます。成長し続けるために、なんでも言い合える友人知人をたくさんつくっておくといいでしょう。

100

ケンカしたり、ぶつかり合えば加減がわかる。
人間関係がうまくいかないなら、
そうやって学んでみる

子どものころ、よくケンカをしました。そして、それが見つかると親に叱られることもありました。でも、叱るポイントは、いまどきの親と少し違うかもしれません。

ふつうは「ケンカしちゃダメ」と言うでしょう。しかし、うちの母は「勝った？」と聞く。そして「負けた」と答えると私を叱ったのです。

そのうえ、「いますぐ相手を連れてきなさい。そして、ここでやり返しなさい」と言うのです。「やり返さなければ晩御飯抜き」。そう言われた私は、仕方なくケンカ相手のところにいきます。もともと、ケンカ自体は仲が悪くてするのではなく、番長格の上級生から、「今日は原田と○○とで戦え」と言われ、一定のルール内で戦うものでした。

私はケンカ相手に事情を話して、うちまできてもらい、母親の前でもう一度ケンカしました。相手は子どもながらに事情を理解し、殴られるままにしているわけです。そうすると、私だって相手をボコボコに殴れない。

勝負のしどきや、手加減のしどき。そんな人間関係の駆け引きの基本を学ぶには、ケンカやぶつかり合いも必要だと、そのときに学んだのです。

101

重要なのは、正論を貫くことではなく、
正しい解決に落とし込むこと

ときにはぶつかり合も必要だと書きましたが、それだけでもいけません。若いうちはつい正論を振りかざしたくなるものです。

私も30代のころはそうでした。

しかし、世の中にはさまざまな人がいて、それぞれ違う考え方を持っています。そのなかで正論を貫こうとすると、動くたびに何かにぶつかってなかなか前に進めません。

もちろん、ぶつかりながらも強引に前に進み続け、突破できるときもありますが、このようなやり方は問題解決を阻害する可能性もはらんでいるのです。

そうならないためには、相手によって「異なる言語」を使い分け、適切なコミュニケーションをとることが大切。つまり、相手の立場に立った、心に届く言葉が必要になるということです。

私はこのことに40代の後半で気がつきました。しかも、スイミングスクールやジャズバンドの仲間など、社外の人との会話のなかから学んだのです。

ビジネス感覚を磨くには、会社以外の人からも積極的に学ぶ姿勢が必要なのではないでしょうか。

102

逆境にいるときこそ、人の本当の心を知るチャンス

中学校1年生の夏、家が火事で丸焼けになってしまいました。悲しい出来事には違いありませんが、これが私にとって、ひとつのターニングポイントであったことは間違いありません。

火事の翌日から、悲しんでいる暇もないほど、お祭りのような毎日がはじまりました。近所の方々がお見舞いとして食べ物から何からいろんなモノを持ってきてくださったのです。あらためて、人の優しさを知った瞬間でした。

そんな日々を過ごしていたので、火事で多くのものをなくしたことを実感したのは半年後、大晦日の除夜の鐘を聞いた瞬間です。母がはじめて泣きました。そして、私もそれを見てとても悲しくなったのを覚えています。

淋しさのなかで正月を過ごし、新学期がはじまると、ひとりの同級生が声を掛けてきました。「僕が飼っている伝書鳩のなかで、いちばん賢い鳩をあげるよ」。彼はけっして成績優秀ではありませんでした。でも、年を越して、急に悲しげになった私の心を、だれよりも敏感に察知してくれたのです。

私にとってはつらい逆境でしたが、その経験は人の心を知るチャンスでもあったのです。

103

本当の感謝はあとで伝わるもの

父から教育されたことのひとつに、「感謝の作法」があります。感謝を示すとき、人は贈り物をしがちです。しかし、私は「だれにでもモノを贈ればいいというわけではない」と父に言われて育ちました。

小学校3年生から4年生に進級するとき、担任の先生が変わりました。3年生のときまで、その担任の先生に対して、必ず暑中見舞いと年賀状という季節のあいさつは欠かさずやりなさい、と父に教えられていましたが、旅行先のちょっとした手土産でも、モノを贈ることは許してもらえませんでした。

しかし、4年生で担任の先生が変わった瞬間、父は3年生のときの担任の先生に、盆暮のあいさつにお菓子を持っていけと言うのです。4年生以降の担任の先生に対する態度も同じでした。そして、中学校になっても、高校になっても続きました。

人に感謝の気持ちを表すとき、利害関係のある時点で「モノ」で返すと、それは別の意味を持ちます。そんなつもりはなくても、「またお願いします」というような。だからこそ、利害関係がなくなったあとにはじめて、本当の感謝を伝えることができるのです。

104

「賢いふり」は続かない。
「天才」もそれほどいない。
腹を割って話すことで、みんな仲間になれる再び、ハーバード・ビジネススクールAMPプログラムでの話です。ここにはいわゆる「エリート」が集まります。そういう人は押しだしも強く、議論中は自信たっぷりに意見を述べ、グループワークではリーダーシップを執ろうとします。そんな彼らに対して「やはり鍛えられたビジネスパーソンは違うなあ」と、当初は思っていました。

しかし、数カ月経つと、その印象は大きく変わります。平たく言えば、「彼らも同じ人間」なのです。

夜中に奇声が聞こえ、びっくりして起きだすと、隣の部屋のカナダ人が「僕の雑誌をとっていったやつはだれだ!」と叫んでいたりします。

触れ合う時間の積み重ねによって、彼らに対する畏敬の念が目減りしていくのと同時に、仲間としての愛おしさが増していきました。人は賢いふりをしても、そう長くは続きません。飛びぬけた天才も、ほとんどいません。みんな同じ。そう考えれば、自分もカッコつけていることがばかばかしくなります。

それよりも、できるだけはやく自らをさらけだし、腹を割って話せる仲になったほうが、より面白い人間関係を築けるはずです。

人生

Jinsei

105

敷かれたレールに乗った人生でなくてよかった。
レールから外れたけれど、
自分らしい人生を生きている

高校時代は、優等生だった小学校、中学校時代と打って変わって、「反抗」の連続でした。地元・長崎県の進学校だったため、多くの生徒が東京大学、京都大学、九州大学など国立大学を目指していました。当然、進路指導や生徒指導もそれが前提です。ブラスバンド部を続けていた私に対して、「それでは国立にいけない」。テストの成績が1点、2点下がっても同じです。修学旅行も表向きはあったのですが、「国立にいけなくなる」という指導のもと、参加する生徒はいませんでした。

私はそれがどうしても納得できませんでした。先生の言っていることは絶対間違っている。そういう信念を持って、いつも100点だった数学と物理の答案を白紙で出す、という暴挙に出たのです。

ミュージシャンになろうと思っていたので、東京に出るためにいちばん受験日がはやかった東海大学を受験し、入学します。高校時代もっと勉強して、きちんと受験すればよかったという思いも少しだけありますが、もし、国立大学に進学していたら、ある意味、敷かれたレールの上をまっすぐ歩く、私らしくない人生だったかもしれません。

塞翁が馬。やはり、後悔はありません。

106

本番はただのご褒美。
真のレースは日々の鍛錬にある

トライアスロンにハマっているのは、その根底に流れる思想の素晴らしさに惚れ込んでいることもその理由のひとつです。

これはトライアスロンのトレーナーから聞いた話です。

「原田さん、トライアスロンのレースは、本番じゃないんですよ。あれはご褒美であり、晴れの舞台です。だから、みんな感動して泣いてゴールに入ってくるんです。本当のレースは、日々の訓練です」

トライアスロンはご存じの通り、「水泳」「自転車」「マラソン」の組み合わせ。だれもがやったことがある競技ですから、練習をすればするほどだれもが進歩します。ほかの競技は、球技でも体操でも、センスや能力が多分に影響します。トライアスロンはそうではない。訓練の量がレースを決するわけですから、訓練を続けることがレースである、というわけです。

仕事も本質的には同じではないかと思います。みな、晴れやかなゴールの瞬間を目指しているのですが、実際にはそこはご褒美の場でしかありません。毎日の地道な仕事、大変な仕事を積み重ねられるかが本当の勝負なのではないでしょうか。

107

身体さえ健康だったら、
カネを儲けるのは大変なことではない。
生きていくのはそんなに難しいことではないのだ。
だから仕事には、全力で打ち込めるやりがいを
求めなくてはならない

学生時代、私はお金がなくて苦労していたので、掛け持ちでたくさんのアルバイトをしていました。

たとえば、朝大学の講義に出る道すがらデパートの月賦の集金を行い、講義が終わると近くの温泉旅館で番頭をする。そのとき食事とお風呂をすませます。そのあと病院にいって宿直の仕事をしながら睡眠をとる。

こんな生活をしていました。このほか時間のあるときにダンプカーの運転手や庭師などもやっていました。さらに、学習塾を経営したこともあります。

そうやって貯めたお金を資金にして、大学を卒業後すぐに土地を買って家を建てました。

この出来事は、健康であるかぎり、頑張ればお金はいくらでも稼ぐことができるという自信につながりました。

それと同時に「お金を儲けるために仕事をしてはいけない」ということに気づきました。やりがいがあり、全力で打ち込める仕事をしようと考えるようになったのです。この気づきが私の社会人としてのキャリアや人生観に大きな影響を与えたのです。

108

仕事ばかりに没頭していると、頭が不健全になる。
オフの時間に健全な精神を取り戻そう

仕事はもちろん、逃げてはダメです。ただ、これは「24時間仕事に没頭しなさい」ということではありません。正面から立ち向かっただけで課題が解決するかというと、けっしてそうではないのです。

みなさんにも経験はないでしょうか。数年前の自分を思い出して、「なぜあんなことで悩んでいたんだろうか」と不思議になることが。意外とどうでもいいことと、本当に大切なこと、人は目の前にあるとなかなか区別がつかないのです。だから、私はオフの時間をきちんととる。スポーツをやって、頭のなかを健全な状態に持っていき、そのうえで、本当に必要なことは何か、優先順位の高いものは何かを整理するようにしています。問題からちょっと距離を置くだけで、はっきりと見えるものはたくさんあるのです。

ときどき田舎に帰るのも、私にとっては大切なことです。あるとき、実家のある長崎で講演会があり、少しだけ実家に寄ったことがあります。母にあいさつする間、ハイヤーのドライバーを車のなかに待たせていると、彼に母がお茶とお菓子を持っていくのです。そんな瞬間、人として大事なことを思いだします。

忙しい時間ばかりを過ごしていると、まさに「心を亡くす」のです。

109

世界中でブランド力を持った焼き芋屋をやりたい。
人や社会にちゃんと貢献し、
ビジネスとして成り立つ仕事をしたいと思う

日本NCRからアップルまで、私は33年間IT業界に身を置いてきました。しかし、私のなかには、コンピュータは生活や仕事を便利にはしているけれど、本当に人を幸せにしているのだろうか、という疑問がありました。

きっかけは、ハーバードのAMPプログラムに参加したことだったと思います。世界中のビジネスパーソンが集まる、多様な価値観のるつぼのなかで、本当の幸せとはなんだろうと自問自答する機会を得たのです。コンピュータは人を忙しくする。コンピュータは買うとすぐに旧モデルになって値崩れし、いつ買っても後悔する。本当にこれでいいのか、と。

その後、いつも自分の部下に、「俺はここを卒業したら、世界中でブランド力を持った焼き芋屋さんをやりたい」と言っていました。

その理由はこうです。焼き芋屋さんのなんとも和やかなあの声も、焼き芋の味も、人を幸せにする。体にもいい。しかし、価格は不透明で、ビジネスモデルもダメ。でも、ブランドをつくって信頼を得られればもっと売れるようになる、と。

ですから、日本マクドナルドからオファーがあったときには、本当にびっくりしました。焼き芋がフライドポテトになりましたが……。

110

日本では、お金がゴールのように思われがち。
しかし、世のため人のために役立つ仕事をするんだ、
という地点までたどり着かないと
人間は幸せにはなれない

ハーバードでAMPに参加して、9週間にわたり、さまざまな国の人々と政治、経済、文化などについて学び、議論し気づいたことがもうひとつあります。

それは、経済や政治において、完璧なしくみなど存在しないということです。そして、どんなに豊かな国でも、未来はけっして明るくないということを知りました。

私はこの経験から「人間はモノでは幸せになれない」ということを思い知らされ、同時にいままで家やクルマのローンを返済するために一生懸命頑張ってきた自分の人生に対して虚しさがわいてきました。

そこで、家やクルマ、ゴルフの会員権などをすべて売り払いました。

お金持ちになって物質的に豊かな人は、まわりから見ると幸せに見えます。しかし、そのお金を使ってボランティアや寄付をするなど、人の役に立てる人間にならないと、真の幸せは手に入らないのです。

お金ではない人生の目的を見つけることこそ、豊かな人生を築くために必要なことなのです。

111

人生でもっとも大事なものは愛、家族の愛だ人生の幸せはお金では手に入らない、お金以外の人生の目的を見つけるべきだとお話ししました。

私は「出世したい」「もっとお金持ちになりたい」「いいクルマに乗りたい」「都心の一等地に家を建てたい」このように願うこと自体は否定しません。実際40代のころまで私自身もそう思っていましたし、物欲をなくせということもムリな話でしょう。

しかし、これを人生の最終目標にしてはいけないということに気づいていただきたいのです。

バブルが崩壊して以降、日本では、お金がある人が「勝ち」で、お金のない人が「負け」という風潮がありますし、マスメディアもこういった情報をまき散らして世間をあおっています。

私は、こういった考え方が世間を歪ませているのだと考えています。

お金をたくさん持っている、いい肩書きを持っているからエラいというのは本当に間違っています。社長や部長などの肩書きは「職位」ではなく、「職種」でしかないのです。

肩書きがなくても、人生の目的をしっかり持ち、自分を成長させながら一生懸命仕事に取り組み、社会に貢献している人のほうがよっぽど幸せなのではないかと思います。

お金は一生懸命物事に取り組んだ結果として得られるものなのです。

私は、人生でいちばん大切なものは「愛」だと思っています。

愛とは人と人との心のつながりです。

まずは、家族やまわりの人を一生懸命愛する。そして頑張って仕事で成果を出し、その成果を社会に役立てる。

以前、どこかで「人間は求めることが少ないほうが幸せです」という言葉を聞いたことがあります。

いま自分が置かれている環境をもう一度見直し、それをまわりの人や社会に役立てるためにはどうすればいいのかをとことん考え続ける。

非常にシンプルなことですが、このような自己啓発こそが自分を成長させてくれますし、人間らしい豊かな人生に導いてくれるのです。

【著者紹介】

原田　泳幸（はらだ・えいこう）

◉——日本マクドナルドホールディングス株式会社代表取締役会長兼社長兼ＣＥＯ、日本マクドナルド株式会社代表取締役会長。

◉——1948年長崎県生まれ。東海大学工学部卒業。日本ＮＣＲ、横河・ヒューレット・パッカード、シュルンベルジェを経て、1990年にアップルコンピュータジャパンに入社。97年、同社代表取締役社長兼米本社副社長に就任。スティーブ・ジョブズとともに、アップルブランドの再構築に尽力。iMacなど多くの製品を日本でヒットさせ、市場拡大に貢献した。

◉——2004年2月、日本マクドナルドに入社。常識にとらわれない発想と実行力で、７年連続マイナス成長だった同社をＶ字回復に導く。2013年６月、ソニー株式会社と株式会社ベネッセホールディングスの社外取締役に就任。

◉——マラソン、ロードバイク、水泳、ドラムなど多くの趣味を持ち、最近ではトライアスロンにも挑戦するなど、プライベートでの活動にも力を入れている。

◉——著書に『とことんやれば必ずできる』『日本マクドナルド社長が送り続けた101の言葉』（ともに小社）、『ハンバーガーの教訓—消費者の欲求を考える意味』（角川書店）、『ストイックなんて無用だ』（ポプラ社）などがある。

編集協力◉入倉由理子

掟破り《おきてやぶり》　〈検印廃止〉

2013年10月21日　第１刷発行

著　者——原田　泳幸Ⓒ
発行者——齊藤　龍男
発行所——株式会社かんき出版
東京都千代田区麴町4-1-4 西脇ビル　〒102-0083
電話　営業部：03(3262)8011㈹　編集部：03(3262)8012㈹
FAX　03(3234)4421　振替　00100-2-62304
http://www.kankidirect.com/

印刷所——大日本印刷株式会社

 ISBN978-4-7612-6952-4 C0034